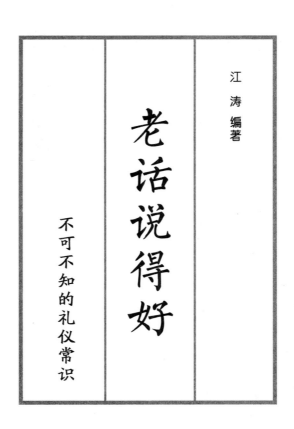

江　涛　编著

老话说得好

不可不知的礼仪常识

团结出版社

图书在版编目（CIP）数据

老话说得好：不可不知的礼仪常识/江涛编著．－－
北京：团结出版社，2022.9
　　ISBN 978-7-5126-9270-1

　　Ⅰ．①老… Ⅱ．①江… Ⅲ．①礼仪－基本知识－中国
Ⅳ．① K891.26

中国版本图书馆 CIP 数据核字 (2021) 第 239195 号

出　　版：团结出版社
　　　　　（北京市东城区东皇城根南街 84 号　邮编：100006）
电　　话：（010）65228880　65244790（出版社）
　　　　　（010）65238766　85113874　65133603（发行部）
　　　　　（010）65133603（邮购）
网　　址：http://www.tjpress.com
E-mail：zb65244790@vip.163.com
　　　　　tjcbsfxb@163.com（发行部邮购）
经　　销：全国新华书店
印　　装：三河腾飞印务有限公司

开　　本：170mm×230mm　　16 开
印　　张：14
字　　数：204 千字
版　　次：2022 年 9 月　第 1 版
印　　次：2022 年 9 月　第 1 次印刷

书　　号：978-7-5126-9270-1
定　　价：39.80 元

礼仪是人类文明进步的重要标志，人类是从野兽群体中分离出来的一个讲文明、懂礼仪的特殊群体。《礼记·冠义》中说："凡人之所以为人者，礼义也。"《礼记·曲礼》中说："人有礼则安，无礼则危。"唐初经学家孔颖达说："人能有礼，然后可异于禽兽也。"礼仪也是人类在与自然相处，与不同人群、不同个人的相处过程中，不断寻找，不断磨合，不断完善的理想的行为规范。

礼，堪称中国传统文化的核心，儒家认为礼就是天道在人类社会的运用，《左传》中说："大礼，天之经也，地之义也，民之行也。"古代的礼就是先人圣贤们按照自然规律制定出来的规范。

古代礼的范围非常广泛。《资治通鉴》中说："礼之为物大矣！用之于身，则动静有法而百行备焉；用之于家，则内外有别而九族睦焉；用之于乡，则长幼有伦而俗化美焉；用之于国，则君臣有叙而政治成焉；用之于天下，则诸侯顺服而纪纲正焉；岂直几席之上、户庭之间得之而不乱哉！"

从广义上讲，礼仪作用于国家政治时，所形成的礼就是国家的典章制度、法律法规。《左传》中说："礼，经国家、定社稷、序民人、利后嗣也。"运用于家族，礼就是族规家训。《礼记·曲礼》中说："道德仁义，非礼不成。教训正俗，非礼不备。分争辨讼，非礼不决。君臣、上下、父子、兄弟，非礼不定。"

从狭义上讲，礼在社会交往中用于协调人与人之间的关系，如君王与臣子的关系、上级与下属的关系、父亲和儿子的关系、哥哥与弟弟的关系等。当礼仪广泛运用于人际关系时，逐渐变成了交往规范。在古代，如何尊老，如何交际，如何迎送，如何宴饮，等等，都有礼的规定。行为合于礼，是有教养的表现，反之，则不能登大雅之堂。

　　礼很早就产生了。夏朝、殷朝、周朝三代时，礼仪就出现了，中间不断传承变革，到周公时代的周礼，已经比较完善。当时，礼已经成为政治教化制度，称为"礼治"。礼治是治理社会的一种很特殊的方法。西周中叶以后，礼崩乐坏。至春秋战国，"礼治"走向解体。孔子一生遵从周礼，倡导周礼，期望把礼文化发扬光大。

　　在古代，社会矛盾的解决主要靠礼，而不是法。因为仅仅依靠法，而缺少礼仪的教化，会导致孔子所说的"民免而无耻"的状态。孔子说："道之以政，齐之以刑，民免而无耻；道之以德，齐之以礼，有耻且格。"意思是说，孔子认为，国家设置了各种各样的政令条款，以此来引导人们，约束人们，违背了就给人们以刑罚的处罚，结果呢？人们因为惧怕惩罚，就不敢去做坏事了，但是他们没有羞耻心，甚至做了坏事还想方设法地躲避法律的制裁，并认为这是自己聪明智慧的表现。不以为耻，反以为荣。只有用道德引导百姓，用礼制去同化他们，百姓才不仅会有羞耻之心，而且会有顺服之心。

　　《老子》中说："法令滋彰，盗贼多有"，就是说，法律条款一天比一天多了、具体了、严密了，但是因为人的良心泯灭了，欲望增多了，虽然知道有法律管辖，但人们还是明知故犯。因为控制不了自己的欲望，为了满足自己的欲望，就敢铤而走险。所以法律条款越来越多，但是违法乱纪的人、钻法律空子的人也越来越多。

过去这种儒家重礼轻法的思想，对后世的影响很大，现在看来，虽然有一定的道理，但是容易陷入"人情大于法"的旋涡，人情凌驾于法律之上，就会出现更多违反政策、违反纪律的事情，也违反了有法必依、违法必究、执法必严的社会主义法制原则。中国是"礼仪之邦"，讲究礼仪是应该的，但绝不能因此"重礼轻法""礼主刑辅"。古代的"礼主刑辅"的观念必须转变，转到现代社会提倡的社会主义法制观念上来。

为什么在中国古代社会要实行礼呢？因为中国文化与西方文化不同，中国没有本土宗教，没有上帝信仰。人该如何管理自己的精神生活呢？依靠的是善良的本质，也就是道德来约束自己。道德像空气，看不见摸不着，但又确实存在。它怎么对人生、社会发生作用呢？古人把它转换成一套可以操作的行为规范。"礼者，理也"，按照这套行为规范去做，道德就可以通过礼来实现了。西汉时期，扬雄在《法言·问道》中说："人而无礼，焉以为德"，如果人没有礼，就谈不上道德修养。在人际交往中，讲道德就必须讲礼仪，而讲礼仪又反过来有助于讲道德。只讲道德，不讲礼仪是嘴上文明；只讲礼仪，不讲道德是形式主义。

中国古代的"礼"和"仪"，实际是两种不同的概念。简单来说，"礼"指的是制度和规则；"仪"是依据"礼"的内容形成的程序。古代的礼仪主要包含以下几层意思：首先，礼仪是一种行为准则或规范。其次，礼仪是人们约定俗成、共同认可的。最后，礼仪可以有效地展现施礼者和受礼者的教养、风度与魅力。

提到古代的礼仪，也有人会认为是封建、复古，这主要是因为，在我国长达两千多年的封建社会里，不同朝代的礼仪文化一直为统治阶级所利用，礼仪也是维护封建社会等级秩序的工具。封建时代礼仪的主要特点是尊君抑臣、尊夫抑妇、尊父抑子、尊神抑人。可以说，古代礼仪在某种程度上妨碍了人类个性的自由发展，阻挠了人类平等的交往。直观地说，古代礼仪强调等级，现代礼仪注重平等；古代礼仪与法相结合，现代礼仪乃自我约束；古代礼仪功能较多，现代礼仪重在交际。

其实，我们现在提倡学习古代礼仪，不是让人们回到过去，而是重拾被时间埋没的传统文化。礼仪文化的发展，也是一个扬弃的过程，又是一个剔除糟粕、继承精华的过程。辛亥革命以后，受西方资产阶级"自由、平等、民主、博爱"等思想影响，中国传统礼仪中那些繁文缛节逐渐被抛弃，同时接受了一些国际上通用的礼仪形式。新中国成立后，随着社会的发展，西方一些先进的礼仪、礼节陆续传入我国，同我国的传统礼仪相结合，形成新的社会主义礼仪规范。

白岩松说过："不管有文化没文化，我们的信仰一直藏在杂糅后的中国文化里，藏在爷爷奶奶讲给我们的故事里，藏在唐诗和宋词之中，也藏在人们日常的行为礼仪之中。"

相信随着时代的不断进步，人类的礼仪规范必将更加文明、优雅、实用。

辛丑年庚子月，江涛于杭州

第一章 尊老敬长——晨起问安，晚来看眠

尊老养老是中华民族的优良传统。在以农业为主的古代社会，农作物生产周期长，技术要求高，人们要到一定年纪才能掌握种植技术。"老人不讲古，后生会失谱"，老人走过一生，积累了大量丰富的社会经验，这些经验能够管束子弟，为年轻人的成长提供很大的帮助，让年轻人少走许多的弯路。在政治与军事方面，只有一定年纪的人才有处理经验。所以，尊老敬老具有安邦治国的意义，古代统治者把它纳入了礼仪制度之中。历朝历代都曾经制定、颁布、实施过一系列有关敬老养老的礼仪、规章、制度，从而形成了我国古代独特的养老体系与养老文化。

日常生活中的尊老敬长，主要是对老人的照顾和优待。

"前人栽树，后人乘凉。"作为家庭的长者，老人们养育后代，照顾幼小，辛苦了大半辈子，提倡尊老敬老，就是提倡不忘本、饮水思源的社会风尚。

曾子（曾参）说："孝子之养老也，乐其心，不违其志。乐其耳目，安其寝处，以其饮食忠养之，孝子之身终"，说的就是要赡养老人，不仅在饮食方面要照料老人，还要让长辈起居安适，生活愉快，乐享

曾子画像，台北故宫博物院藏

天年。

《礼记·乡饮酒义》中提到："民知尊长养老，而后乃能入孝弟；民入孝弟，出尊长养老，而后成教；成教而后国可安也。"

北宋司马光在《四库全书·家范》中说："不敬其亲而敬他人者，谓之悖礼。"孟子认为：亲爱亲属叫"仁"，尊敬长辈叫"义"，这些是人天生就有的本性，也是成就大事的根本。

清代李毓秀的《弟子规》中也讲到"亲有疾，药先尝；昼夜侍，不离床"，说的是父母生病时，要不离不弃，衣不解带地侍奉在床边。这也体现出古时的养老之礼。

古人这些尊老敬长的规范，对当今社会提倡的尊老养老观念也有广泛而深刻的影响。

朝廷敬老，则民作孝

"长民者，朝廷敬老，则民作孝"，出自《礼记·坊记》，意思是说，做百姓长官的人，在任上，就要尊敬老人，这样民间就会兴起孝敬的风气。

在古代，"老"有两重含义，一是指本族的长辈，二是泛指老年人。古人用"杖家、杖乡、杖围、杖朝"分别指代人五十岁、六十岁、七十岁、八九十岁。过八十岁的老人，上朝见天子的时候就可以拄着拐杖了。这是周礼，讲究以老为尊。拄拐杖是老者或尊者的表现。

周代规定，老人年五十岁养于乡，六十岁养于国，七十岁养于学。由于古代长寿的人比较少，都是预先为送终做准备，提前制作老衣，六十岁老人以年为单位准备，七十岁以季为单位准备，八十岁以月为单位准备，九十岁则要以日计算，每天都要预备，只有被、褥、帽、带之类才在死后制作。在平常的活动中，也有尊老的礼仪，比如，《礼记·乡饮酒义》中记载，举行乡饮酒礼时，"六十者坐，五十者立侍，以听政役，所以明尊长也。六十者三豆（古代食器），七十者四豆，八十者五豆，九十者六豆，所以明养老也"。

《礼记·内则》中说："凡养老，五帝宪，三王有乞言。"意思是说，五帝

清代顾洛（1763—1837）画作中古人敬老的场景

时代养老，效法他们的德行，夏商周三王时代，还向老人们征求善言。"凡养老，有虞氏以燕礼，夏后氏以飨礼，殷人以食礼，周人兼而有之。"意思是，招待老人的宴会，有虞氏用燕礼，夏朝用飨礼，殷商时期用食礼，周朝时期遵循古制兼用"三礼"。

另据文献记载，不论是尧舜禹还是商周时期，都有专门的场地供养老人。《礼记·王制》中记载："有虞氏养国老于上庠，养庶老于下庠。夏后氏养国老于东序，养庶老于西序。殷人养国老于右学，养庶老于左学。周人养国老于东胶，养庶老于虞庠，虞庠在国之西郊。"汉代之后，随着社会的发展，大学成为供养老人的固定场所。在大学之下，依次供养不同年龄、不同层次的老人。

汉代以孝治理天下，养老礼在这一时期得到了快速发展。其中，最重要的表现便是汉明帝"三老五更"礼的正式建立。

魏晋时期，虽然社会动荡，但是赡养老人的传统并没有被废止，只是一定程度上受到战乱的干扰和影响。

隋唐时期，国力日渐昌盛，养老礼也再次被重视。

唐宋之际，养老礼与尊崇文化一同受到关注。

到了明代，除了仿效前人尊老养老，复兴养老礼，朱元璋还积极组织老年人参与政治。

清代，老人由官府帮助奉养，与此相关最为著名的事件就是千叟宴。在清代历史上曾经多次举办千叟宴，以示尊老、敬老、养老。

古人如此重视尊老敬老，一方面是因为老人一生操劳，为家庭、社会奉献出了自己的才智，老有所养、老有所依是老人应得的回报；另一方面，当时统治者用礼制来规定尊老敬老为其政治服务：百姓敬顺父母，进而敬顺天下父母尊长，最后达到对统治者的敬顺，便可形

清末民初所绘《历代帝王像》中的尧帝画像

成一个恭顺有序的国家。

到了现代，尊老敬老成为社会主义精神文明建设的重要内容，也是社会文明进步的重要标志。在我国进入老龄化社会的今天，弘扬孝亲敬老传统美德，具有深远的社会意义和现实的指导意义。

中春罗春鸟，献鸠以养国老

在古代农耕社会，老人中的贤者，是知识、经验、权威和智慧的化身，因而，敬老尊贤是上至帝王、下至民众普遍践行的道德规范。

宋徽宗绘《桃鸠图》，日本东京国立博物馆藏

古代的养老之礼有两重含义：

一是指一种养老的礼仪活动，这种活动是由国家各级行政机构为老者定期举行的。天子所行的养老礼和以尊老尚齿为宗旨的乡饮酒礼，都属于此类。

二是指具体的养老礼节，即在日常生活中，给老者提供一些衣、食、住、行及政治活动等方面照顾和优待的礼节。在周代便有"养衰老，授几杖，行糜粥饮食"的传统，到了汉代，传说汉明帝在位期间，曾主持过一次特殊的宴会，与会者是清一色的古稀老人。他们或是贵族，或是贫民，却不分高低尊卑，皆与皇帝同座宴饮。盛会之后，皇帝还赠送酒、肉、黍米和每人一柄做工精美的手杖——"鸠杖首"，又叫"鸠杖"。

所谓"鸠杖首"，就是把手杖的扶手处雕饰成一只斑鸠鸟的形状。我国的崇鸠观念由来已久，古人视鸠为春鸟、善鸟，象征着生命和慈祥，周代就有"献鸠养老"的风俗，如《周礼·罗氏》中就写道："中春罗春鸟，献鸠以养国老。"雕饰斑鸠鸟，取"鸠鸟不噎"的祥瑞之义，因为斑鸠鸟在进食时不会噎着，颁发鸠杖也是寓意老人们胃口好，并以此祝老人长寿安康。汉初，规定八十岁以上的长者才有资格持有鸠杖，汉代汉成帝时期，标准降至七十岁。当时，平民百姓拥有皇帝赐予的鸠杖，都感到十分荣耀。由此可见，老人在汉代的生活很有保障。

从史料和考古发掘来看，给老人赐杖的制度在汉代被正式确立，汉高祖刘邦曾制作鸠杖赠送给高龄老人，开了汉代赐杖的先河。

相传，楚汉之争时，一次，刘邦兵败，项羽率兵穷追不舍。在

古代鎏金鸠杖首

万分紧急的情况下，刘邦躲藏在一片树丛中。这时，一只斑鸠鸟落在树上，且不停地鸣叫。项羽率追兵赶到后，看见斑鸠鸟，便认为树丛里没有人，因为如果有人，斑鸠鸟早就飞走了。于是他们没进树丛搜查，刘邦遂得以逃脱。刘邦觉得，是这只斑鸠鸟的掩护，才让他化险为夷。于是，刘邦在当皇帝后，制作鸠杖，赐予老人。鸠杖在当时相当于"老年证"，老人可以凭鸠杖享受国家福利。

汉代朝廷更是颁布了《王杖诏令册》，将授杖、持杖、用杖的准则纳入法律。诏书宣告："高年赐王杖，上有鸠，使百姓望之，比于节。七十以上杖王杖，比六百石，入官府不趋。"六百石，相当于当地的卫工令、郡城、县令这类官职的收入。有了朝廷许给的"六百石"，老人持王杖进入官府，便不必低头碎步，等于同当地长官平起平坐了。

从一些文字记载也可以看出汉代的养老敬老非常务实。《续汉书·礼仪志》记载："仲秋之月，案户皆民，年始七十者，授之以王杖，哺之糜粥。八十、九十礼有加，赐王杖长尺，端以鸠鸟为饰。"

当时，孤寡老人到市场上做买卖，可以免缴租税；酒是国家专卖品，但为了照顾孤寡老人，政府允许孤寡老人卖酒；不赡养老人者，要被处弃市之刑。

对七十岁以上的老人，政府免徭役赋税，定期赐粮食、酒肉、帛絮，此外还享有"入宫廷不趋"等特权；对八十岁以上的老人，每月赐米一石、酒五斗、肉二十斤；对九十岁以上的老人，每人加赐帛两匹。

值得一提的是，汉代老人还能"行驰道旁道"。要知道，驰道是天子专用的走车马的道路，是禁止他人行走的。

魏晋南北朝时期，社会动荡，经济衰退，礼仪颓废，赐杖制度逐渐没落，到唐宋时期渐趋消亡。

趣味链接：

"三老五更"礼

古代国君最隆重的尊老礼仪是"三老五更"礼。"三老五更"最早见于

《礼记·文王世子》:"适东序,释奠于先老,遂设三老、五更、群老之席位焉。"东汉末年经学大师郑玄解释说:"'三老''五更'各一人也,皆年老更事致仕者也,天子以父兄养之,示天下之孝悌也。名以三五者,取象三辰五星,天所因以照明天下者。""三老""五更",不是说的八个人,而是两个人,一个称为"三老",也叫国老,是指有德望、有爵位的老人,"五更"是指庶老,都是选择德高望重、阅历丰富、精通世故,一般是由辞去官职的老人担任。

为何以"三""五"命名,古人有不同解释,其中之一为:他们通晓"三德"(正直、刚、柔)、"五事"(貌、言、视、听、思),故称"三老五更"。

东汉明帝于永平二年(公元59年)曾率群臣躬养"三老五更"于大学。当时选定的"三老"是李躬,"五更"是桓荣。行礼之日,"三老""五更"穿

汉代画像砖拓片中的宴饮场景

戴一新，"三老"还手拄玉杖，乘车进入大学，明帝亲自迎接，行肃拜礼。然后设宴，明帝亲手为"三老"摆桌子。席间明帝还将袖割肉，劝吃劝喝，并伴奏周武王伐纣之乐烘托气氛。此外赐"三老""五更"各二千石俸禄，另有酒一石、肉四十斤。

在之后的各朝各代中，"三老五更"礼更是发展成一项隆重的社会祭祀活动，天子亲自参与祭祀，并对"三老""五更"进行册封、赏赐。

在唐代，每逢中秋佳节，皇帝必须在太学举行奉养"三老五更"礼。这一礼仪直到明代，才随着皇权的膨胀而被取消。

"三老五更"礼是统治者树立道德楷模的实践，对弘扬尊老养老的社会风气起到了一定作用。

在朝序爵，在野序齿

人类获得尊严的途径有很多，孟子总结出了三条："天下有达尊三：爵一，齿一，德一。朝廷莫如爵，乡党莫如齿，辅世长民莫如德。"大概意思是说，天下有三样最尊贵的东西：一是爵位，二是年龄，三是德行。朝廷上最尊重的是爵位，乡间最尊重的是年龄，而匡辅世道、统率民众最尊重的是德行。孟子告诫人们，千万不要得到了其一，就轻慢了另外两个方面。

正是因为爵位、年龄、德行都是很重要的东西，所以古代在制定一些礼仪的同时，也考虑按照爵位、年龄、德行进行安排，比如在宴饮座次上，就有"在朝序爵，在野序齿"之说。

《礼记·中庸》中说："序爵，所以辨贵贱也"，意思是按照爵位、官位的高低进行座次的安排；"燕毛，所以序齿也"，"序齿"就是指按年龄的大小安排座次。

一般来讲，公务宴请，按照职务的高低安排席位，即"序爵"；私人聚餐，按年龄的大小安排席次，即"序齿"。

尊卑之礼历来是饮食文化的一个重要内容。《明史》记载，明太祖朱元璋曾两度下令，申明餐桌上的尊卑座次的排列礼仪。1372年曾规定，宴会谒拜之礼，幼老先施；座次之列，长者居上。

1379年又下令，宴会时，要让长者坐上席。官员退休后，即便年龄与辈分低于同宴者，也不能坐在无官者之下，要另设专席。同是退休的官员相聚，曾任的职衔最高者坐上首；职衔相当，则论年龄大小。

如今，宴席虽没那么多讲究，但是基本的礼仪还是要讲的。座位顺序需要根据长幼、尊卑、地位等精心安排。座次排序基本规则是：以右为上，居中为上，观景为上，以远为上，面门为上，靠墙为上。

趣味链接：

朱元璋与四菜一汤

明太祖朱元璋画像，台北故宫博物院藏

在安徽凤阳，流传着一首关于"四菜一汤"的歌谣：皇帝请客四菜一汤，萝卜韭菜长治之安；小葱豆腐一清二白，太祖廉政万岁千秋。

1368年，朱元璋建立明朝。登基不久，全国各地频发自然灾害，导致粮食歉收，百姓生活苦不堪言，而达官贵人却过着穷奢极欲的生活，日日珍馐佳肴，毫不关心受灾受难的平民百姓。

朱元璋对底层老百姓有同情之心，他下定决心整治官场上的奢侈之风。适逢马皇后祝寿，朱元璋决定设几桌粗茶淡饭庆祝马皇后的生日，以警示众臣。马皇后祝寿这天，文武百官纷纷进宫祝寿。宴会开始，每桌一份炒萝卜、一份炒韭菜、两碗青菜，再加一碗豆腐汤，刚好"四菜一汤"。朱元璋说道："今日皇后寿筵之规格，为本朝励勤励俭之始，今后众卿往来之餐饮，至多为'四菜一汤'。皇后之寿筵即是榜样，谁若违反，严惩不贷！"从此之后，"四菜一汤"便成为明朝官员设宴的规矩，并成为廉政的象征。

长者举未釂，少者不敢饮

中国古代的酒是用谷物发酵酿造的，酿造出来的是黄酒。酿酒工艺好一些，酒精度也才不到十度，技术落后的地区，酿造的酒品质较差，酒精度也就三五度。在元代以前，中国的酿酒以自然发酵型米酒、黄酒为主，果酒、杂粮

古代画作中，古人饮酒的场景

酒为辅；元代以后开始逐步出现蒸馏型高度酒。元代以后的蒸馏型高度酒，就接近现在的白酒了。

古人饮酒非常讲究尊卑长幼顺序，违序即违礼。《礼记·曲礼》中记载："长者举未醮，少者不敢饮。"意思是长者没有喝完杯中的酒，晚辈不能先喝。在古代，主人敬客人酒叫"献"，主人劝客人酒叫"酬"，客人回敬主人酒叫"酢"。周代还对饮食有规范及等级的区别，制定了饮食的规格与人的身份相匹配的制度。《周礼》记载："凡王之馈，食用六百，膳用六牲，饮用六清，馐用百有二十品，珍用八物，酱用百有二十瓮。""八珍"指的是淳熬、淳母、炮豚、炮牂、捣珍、渍、熬、肝膋，只有天子及皇族、大臣能享用，普通人享用的是乡饮酒。

乡饮酒礼是周代流行的宴饮风俗，主要目的是向国家推荐贤者。由乡大夫做主人设宴。后演变为地方官设宴招待应举之士，宴会名为"乡饮酒"。

《礼记·射义》中说："乡饮酒礼者，所以明长幼之序也。"乡饮酒礼的意义在于序长幼、别贵贱，通过集体的活动，来成就尊贤、敬长、养老的道德风尚，达到德治教化的目的。

清代乾隆时期《万树园赐宴图》

汉代以后，郡县多在学校中行乡饮酒礼。实行科举制度以后，则以州县长官为主人，为贡士饯行时行乡饮酒礼。

到了宋代，乡饮酒礼又称为"饮酒礼"，开始由政府组织，并在明清两代非常盛行。这种以宴饮为形式的礼仪，要求各府、州、县行政长官代表朝廷亲自到场参加，以表示对宾客的尊重。被邀请参加饮酒礼的宾客，有官职的被称为大宾，德高望重的被称作僎宾，中年有德的被称作介宾。清代道光时期《晋宁州志》中记载，在乡饮酒礼中，主人与大宾象征天地，僎、介则象征阴阳，三宾（大、僎、介）又象征日、月、星"三光"。这种更高意义的象征，也从另一个侧面反映了乡饮酒礼在当时社会活动中的重要性。

礼仪活动中的人员设置、座次安排与物品陈设都有严格、细致的规定。在行乡饮酒礼的过程中，有一个重要的司礼人员，就是执掌觯案的扬觯官，负责监督在场所有人的一举一动是否按照礼仪规制进行。如果有人高声喧哗、坐错位置，或者出现其他违礼行为，扬觯官便会立即制止、纠正，同时罚酒。

各个时期的乡饮酒礼具体方式也会有所不同。比如在清代，朝廷经常会举办乡饮酒礼来宣扬忠孝。据《大清会典》记载，在康熙四年（1665年）的朝廷诏令中，就曾明确指出："朝廷举行乡饮，并为饮食，凡我长幼，各相劝勉，为臣尽忠，为子尽孝。"又在条例中记载："乡饮坐叙，高年有德者居于上，高年淳笃者并之。并次序齿而列。"由此可见，清代对敬老并非只是道德上的要求，还延伸到了法律层面。

到清代道光二十三年（1843年），清政府决定将各地乡饮酒礼的费用拨充军饷，乡饮酒礼被废止。辛亥革命后，乡饮酒礼也与其他礼仪一起，基本退出了历史舞台。

趣味链接：

古代的酒器

在古代，酒是祭礼中的重要用品。商周时期，礼用酒器以青铜为主，直到宋元时期，才开始使用陶瓷，明代以后则主要用瓷器做酒具。

古代的酒器，主要包括尊、壶、爵、角、觥、觚、彝、卣、罍、瓿、杯、缶、罩、卮、盉等。

尊：

尊在祭祀时主要是做礼器用，《周礼》中有"六尊"之说，分别是牺尊、象尊、著尊、壶尊、太尊、山尊。

壶：

是一种长颈、大腹、圆足的盛酒器，不仅能装酒，还能装水。

爵：

古代饮酒器的总称，下有三足，足下可升火温酒。

角：

形状和爵相近，主要是用来温酒，并且还可作为一种量器使用。古代一升曰爵，二升曰觚，三升曰觯，四升曰角，五升曰散。

觥：

一种盛酒、饮酒兼用的器具，像一只横放的牛角，长方圈足，有盖，多作兽形。

觚：

呈喇叭形状，腰部比较细，高圈足，盛行于殷以及周代，并经常作为随葬品使用。

彝、卣、罍、瓿：

都是形状不一的盛酒器。

杯：

椭圆形，是用来盛羹汤、酒、水的器物。

缶：

一种圆身、大腹的容器，有盖，腹部有四个环，可用于结绳提取。缶

明代铜错金银牛形觥

明代提梁卣　　　　　　　　　清代酒器卣

原作汲水之用，后也常用来盛酒。

斝：

主要用来盛酒及温酒，形状比较像爵，但比爵大。

卮：

一种盛酒器。

盉：

盉的形状一般是大腹、敛口，前面有长流，后面有把手，有盖，下有三足或四足。盉是用水调酒的器具。古人举行大典礼时，喝酒必须卒爵，不能喝酒的人，就喝掺了白水的酒，叫作"玄酒"。

长者立，幼勿坐

《礼记·内则》中说："凡父母在，子虽老不坐。"意思是无论自己的年龄多大，在父母面前都要守规矩，学会尊敬父母，尊敬长辈，这是中华民族的基本孝道。《弟子规》中说："长者立，幼勿坐"，意思是，长辈如果站着，我们绝对不可以坐，因为这是非常无礼的。当长辈坐下来了，吩咐我们也一起坐时，我们才可以坐下来。

清代孙温（1819—1891）所绘官宦人家孩子学习的情形

　　在古代学堂里，学生如果在学习上有疑问，需要老师解答时，必须恭恭敬敬立在一旁，倾听老师的解答。

　　即使在现代，"长者立，幼勿坐"依然是晚辈对长辈的应有之礼，也是一项非常重要的社交礼节。在家中用餐时，必须先请长辈就座，然后晚辈才能坐下，这是"长幼有序"，也是基本的家教。家中来客人时，父母都站起来接待，若家中的孩子却依然坐着，对客人置之不理，就是失礼。

七十不留饭，八十不留宿，九十不留坐

　　民间有句老话："七十不留饭，八十不留宿，九十不留坐。"

　　"七十不留饭"，说的是不刻意留七十岁以上的老人在自己家里吃饭。一般情况下，有客人来访，一般都是热情"劝饭"，担心客人吃不饱，会往客人碗里一直添饭。但是七十岁的老人，消化系统会出现退化和衰老的现象，饭量

大大减少，牙齿也掉了很多，胃口也没有那么好了。这种情况下，主人就不能劝老人家吃饭、吃菜，而应随老人的意，愿意留下来吃就吃，不愿意的话，也不宜坚持让老人在自家吃饭，以免意外发生。

"八十不留宿"，说的是老年人的睡眠很重要，不要轻易留宿八十岁以上的老人。八十多岁的老人睡眠不好，他们希望在一个熟悉的环境休息，生疏的环境不利于老年人休息，而且容易引发不适，所以对八十岁以上的老人，还是不留宿为好。

"九十不留坐"，是说人到九十岁之后，每天的精神和身体状况都会不一样，除了经常照顾老人的家人，外人很难知晓老人的具体状况，这个年纪的老人如果串门，不能留他们久坐，以免发生突发状况。

"七十不留饭，八十不留宿，九十不留坐"，不是不让老人吃饭，也不是把老人关在家里不让他们出门，而是关爱老人的表现。另外，老年人的记忆

陈少梅（1909—1954）所绘孝子闵子骞拉车带父出行的场景

力、身体协调能力等方面都不好，出门容易发生危险，所以七十岁以上的老人出门时，尽量有人陪伴，以确保安全。

趣味链接：

七十非帛不暖，八十非人不暖

西汉戴圣的《礼记·内则》中说："五十始衰，六十非肉不饱，七十非帛不暖，八十非人不暖，九十虽得人不暖矣。"意思是说，人到了五十岁就开始衰老，到了六十岁饭里没有肉就吃不饱，到了七十岁没有丝绵就会感到身上不暖和，到了八十岁没有人暖被窝就睡不暖和，到了九十岁即使有人暖被窝也睡不暖和了。

人老了，身体衰弱，需要人照顾。身为子女，要在照顾老人方面多些细心和耐心，周到考虑，使老人安享晚年。

民国时期《二十四孝》图之一，此图为祈祷父亲病体安康

父子不同席，叔侄不对饮

"父子不同席"出自《礼记·曲礼》，原文是："姑、姊妹、女子已嫁而反，兄弟弗与同席而坐，弗与同器而食。父子不同席。"意思是说，姑姑、姐妹、女儿出嫁后再回家里时，兄弟们不能与她们同席而坐，也不能与她们共用餐具吃饭。父子也不应该同席而坐。

古时候人们用餐时席地而坐，叫坐席。"父子不同席"，指的是日常在家里，父子不能坐在一起吃饭。重要的酒席场合，十分讲究座次安排，一般是同辈人坐在一起，父子之间差了一辈，按照规矩也是不可以坐在同一桌的。

《礼记·内则》强调，在饮食方面，对父母要"问所欲而敬进之"。也就是说，在力所能及的情况下，父母想吃什么，子女就应该供养什么。

《礼记·内则》还说："父母舅姑必尝之而后退"，饭做好后，要先端给父母，端上来就走不行，要等父母开始吃了才能退下。

后来，人们在"父子不同席"基础上衍生出了"叔侄不对饮"的俗语。

叔侄之间相互敬酒也是很少见的，主要原因还是辈分有差距，没有

清代做工精美的酒壶

办法像对待同龄人那样放松。因此父亲、叔叔一般是不会和孩子在一起喝酒的。

如今，社会进步，人们的观念也进步了，父子、叔侄一起吃饭喝酒，热闹热闹，尤其是逢年过节的家宴上，一家人在一起吃酒席的现象非常正常，如果父子不在一起吃饭，反而有些不正常了。

父在观其志，父没观其行

孔子在《论语·学而》中说："父在，观其志；父没，观其行；三年无改于父之道，可谓孝矣。"大意是说：父亲在世的时候，看他的志向；父亲去世以

清代家庭祭祀的场景

后，看他的行为；在父亲去世三年以后，他仍然没有改变父亲为他选择的道路（没有忘记父亲的教诲），就算得上是有孝心的人了。

孔子认为，当儿子的是不是有孝心，要分两个阶段来考验：父亲活着时，看他怎么想；父亲去世后，看他怎么做。为什么要这么区分呢，因为在古代，一切都得听父亲的，儿子没有自主权，只能想，不能干。要想按自己的意愿干，必须等父亲去世后，并且满三年服丧期后。服丧期间，是不能违反父亲的老一套的。

趣味链接：
身体发肤，受之父母

"身体发肤，受之父母"出自《孝经·开宗明义》，原文是："身体发肤，受之父母，不敢毁伤，孝之始也。立身行道，扬名后世，以显父母，孝之终也。"这句话的大意是，我们的身体、毛发、皮肤是父母给我们的，我们必须珍惜、爱护，这是行孝、尽孝的开始。让自己健康成长、按正确的原则做事，让自己的名字为后人所景仰，就会让后世知道自己的父母教导有方，这是行孝尽孝的最高目标。

"身体发肤，受之父母"是经过儒家伦理规范的解释，儒家的本意不是简单的字面意思。国学大师南怀瑾曾谈及他对"身体发肤，受之父母"的看法：

《孝经》上说："身体发肤，受之父母，不敢毁伤"，中国古人一两千年来，连头发也不敢剪，那真是食古不化，依文释义的解释并不一定完全对。其实这句话的意思，是要为子女的注意自己身体的健康，不要生病，不要受伤，以免父母担心忧伤。所以《孝经》里也说："君子不立危墙之下"，有孝心的人绝对不站到快倒塌的墙那里，因为怕墙倒下来自己被压伤或压死，如果父母还在世，怎么办？父母可就痛苦一生了。所以孝子不敢损伤身体，主要是不让父

清代王朴《婴戏图》

母担心自己。扩而充之，要避免危险的地方，不冒险去做无意义的危险事才是孝道。

"身体发肤，受之父母"就是告诉我们，做儿女的应尽量保护好自己的身体，保持身体健康；要安分守己，行事不鲁莽，处事不过激，不惹是生非，尤其是不可轻生。做到这样，不让父母担心，才是对父母最好的回报，也不枉父母把我们养育成人。

清代画作中展现的父母带孩子在花园游玩的场景

父母在，不远游

"父母在，不远游，游必有方"出自《论语·里仁》，意思是孩子要在父母面前尽心侍奉，即使有事情要出门，也要把家里的一切安排好再出去。

在古代，"游"一般是指游学，游仕，在有科举制度的时代，孩子们会出门去学习，去考试，努力谋前程。

"游必有方"的"方"不是指方向、去处，而是"理由、道理"，意思是，要出远门，要向父母讲清楚"游"的"理由、道理"，更要安置好父母，因为

清代余集（1738—1823）所绘古代家庭劳作的场景

一旦出行，就相当于置父母的生活于不顾了。安置好父母，才能心安理得地去远游，比如安排好家里的农事，托人照顾父母，留好必备的钱财，等等。

如今，物质条件好了，通讯也非常发达，我们可以随时远游，可以为了理想出去闯荡，但是要铭记"游必有方"，出门在外，经常问候在家里的父母，及时告知父母自己的近况，在条件允许的情况下，多陪陪父母，尽量顺着他们的心思。父母未必对我们有物质需求，但却有情感和精神的需求。

趣味链接：

孔子游学活动

"游学"一词出自《史记·春申君列传》："游学博闻，盖谓其因游学所以能博闻也。"在中国古代，很多名人都有"游学"的经历。古代游学的标志性人物是孔子，可以说，孔子开了中国游学风气之先。据《史记·孔子世家》记载，孔子带领弟子们周游各诸侯国长达14年之久。孔子周游列国是从鲁国出发，大致走了卫国、曹国、宋国、齐国、郑国、晋国、陈国、蔡国、楚国等

清代画作中展现的孔子游学的场景

地。他们一边游历，一边讲学，虽历尽艰辛，但收获颇丰。他让弟子们边走边学，边学边消化，边消化边实践。

孔子的游学，一方面完善了自己的思想理论，另一方面促进了各地文化的交流。

晨则省，昏则定

"晨则省，昏则定"出自《弟子规》，字面意思很简单，就是早晨要看望、问候父母，晚上要向父母道晚安，让父母安心睡眠。在古代，"晨则省，昏则定"是为人子女的孝道，《礼记·曲礼上》中说："凡为人子之礼：冬温而夏

清代华冠所绘古代家庭花园行乐的场景

清，昏定而晨省"，意思是身为子女，应该使父母冬天温暖，夏天清凉，晚上铺床安枕，清晨问候请安。

西汉时期陆贾的《新语·慎微》中记载："曾子孝于父母，昏定晨省，调寒温，适轻重，勉之于糜粥之间，行之于衽席之上，而德美重于后世。"这段话说的是曾子十分孝敬父母，晚上问晚安，早晨问早安；天气温暖，换薄被褥，天气寒冷，及时换厚被褥；父母年纪大了，就把粥熬得稀烂一点。曾子这样长期尽孝，他的孝道美名也流传后世。

《弟子规》要求的早晚对父母的问候，其实是一种仪轨，如果真的能坚持，成为生活中的习惯，就会成为一个懂得孝敬的人。

趣味链接：
古代应答之词"唯"和"诺"

"唯""诺"在古代均可作应答之词，但是两者是有区别的。

《礼记·曲礼上》讲道："父召无诺，先生召无诺，唯而起。"在古代，父亲召唤和先生召唤，不能回答"诺"，要回答"唯"，并且迅速站起。回答"唯"表示更尊重，但"唯"并不专用于长辈和先生，还用于主人和领导，例如《韩非子》中说："此人主未命而唯唯，未使而诺诺，先意承旨，观貌察色以先主心者也。"意思是说：性格奸诈的人，主人还没有发布命令，就已经"唯"声连连，主人还没有差使，就已经"诺"声不断，这种人，不管主人说什么都应承，属于专门看主人脸色猜测主人心思的奸人。

后来衍生出成语唯唯诺诺，用来形容一味附和、顺从别人的意见。

顺者为孝不顶嘴

俗话说"百善孝为先，百孝顺为首"，"顺者为孝不顶嘴"。在传统儒家文化中，孝的本意是顺从父母的意愿，以不违背长辈的意志为前提，在精神上给予父母温暖，在物质上给予父母保障。几千年来，人们一直将"顺者为孝"作为衡量孝道的标准，而把违背父母意志视为"忤逆"。

在古代，有句谚语叫"父在堂，子不能专"，意思是说，如果父亲还在，做子女的是不能越过父亲去管事的。一个家庭中，父亲是地位最高的人。不管父亲做什么决定，孩子都要恭谨温顺，敬爱父辈，按父亲的要求去做。

《论语》中说："孟懿子问孝，子曰：'无违。'樊迟御，子告之曰：'孟孙问孝于我，我对曰无违。'樊迟曰：'何谓也。'子曰：'生，事之以礼；死，葬之以礼，祭之以礼。'"

孟懿子是鲁国的大夫，姓仲孙，名何忌，"懿"是谥号。其父临终前要他向孔子学礼。樊迟，字子迟，是孔子的弟子，比孔子小46岁。孟孙指的是孟懿子。这段话的意思是：孟懿子问什么是孝，孔子说："孝就是不要违背礼。"后来樊迟给孔子驾车，孔子告诉他："孟孙问我什么是孝，我回答他说不要违背礼。"樊迟说："不要违背礼是什么意思呢？"孔子说："父母活着的时候，要按礼侍奉他们；父母去世后，要按礼埋葬他们，祭祀他们。"

《左传》中记载了这样一个故事：春秋时期，晋国的魏武子有一名宠姬叫祖姬，没有生儿子。魏武子多次对儿子魏颗说："祖姬是我所爱的女子，年纪还轻，又没有生养，我死了以后，你要找个好人家把她嫁出去。"后来魏武子得了重病，弥留之际又对儿子们说起这个姬妾："祖姬是我的爱妾。我死后，你当为我把她殉葬，使我在九泉之下有良伴，不要使我孤魂寂寞。"魏武子死后不久，魏颗就自己做主，把父亲的这位姬妾嫁出去了。他的兄弟们质疑他不遵从父亲的遗嘱，魏颗说："把她择配良人，是父亲生前多次嘱托过我的。至于殉葬的事，那是父亲临终乱命，不足为据。为免陷父亲于不义，我不听从父亲昏乱的遗言，而听从父亲合理的遗命，帮助父亲成就德泽。"

真正孝顺父母的人，不会盲目地全按父母说的去做。《论语》中说："事父母几谏，见志不从，又敬不违，劳而不怨。"《弟子规》中说："亲有过，谏使更。怡吾色，柔吾声。谏不入，悦复谏。"两句话的意思都是说，孩子孝顺父母，听从父母的话很好，但是为人子女看到父母有过错，切莫无条件地顺从，而应该规劝父母，用心、设法协助父母改正过错，这样做才是真正的孝行。劝

陈少梅（1909—1954）画作中背母逃难的场景

导时态度要诚恳，声音必须柔和，并且和颜悦色，动之以情，使父母接受劝告。如果父母不听规劝，要耐心等待适当的时机，例如父母高兴的时候，再继续劝导。

趣味链接：

树老根多，人老话多

"树老根多，人老话多"，说的是大树之所以枝繁叶茂，是因为根系发达，伸入地下数百米，从很深的地方吸取水分，保持自己的生长态势。

老年人话多，并且喜欢对年轻人说教，子女应理解和尊重，给以充分的耐心和关心。

宋代袁采在《袁氏世范》中说："年高之人，作事有如婴孺，喜得钱财微利，喜受饮食、果实小惠，喜与孩童玩狎。为子弟者，能知此而顺适其意，则

老话说得好
——不可不知的礼仪常识

尽其欢矣。"意思是说，年事已高的人，做事好像孩子一样，喜欢得到钱财上的小小利益，喜欢接受饮食、果实等好吃的东西，并且很愿意和孩子一起玩耍。为人子弟者，如若能明白这个道理而顺应老人的意愿，那么就会尽其所欢，使老人晚年过得幸福。

父母呼，应勿缓；父母命，行勿懒

"父母呼，应勿缓；父母命，行勿懒"出自《弟子规》，大意是，父母喊我们，要马上答应，不能够迟缓；父母有事要我们去做，要立刻行动，不可拖延或偷懒。

《弟子规》中的这句话也告诉我们，孩子的孝心、恭敬心、独立性，都要从小开始培养。一切人伦之道都是以爱敬心为基础的，孝必定要和恭敬心联系起来。如果孩子在家里养成对父母恭敬孝顺的品德，日后踏入社会，他的这种性格和修养也会有助于和睦朋友、友爱同事，从而促使他们更容易走向成功。

清代乾隆时期康涛所绘《孟母教子图》

趣味链接：

出必告，反必面

　　"出必告，反必面"出自《弟子规》，意思是，当父母都在家里的时候，如果有事情要出去，一定要向父母禀告，说明去哪里，什么时候回家，不能让父母为你担心；从外面回来之后，也要跟父母讲明，让父母知道你已经安全地回来了，让父母宽心。

民国时期的上海儿童宣传画《礼貌》

"出必告，反必面"是尊敬父母的基本礼仪。尊敬父母，必然会"出必告，反必面"；忽视父母，这些礼仪细节也就忽略了。这句话是强调我们要常常将父母惦记在心里，常常有安慰父母、让父母安心的意念。

"出必告，反必面"虽然只是一个家常细节，但是对于孩子很重要，这个习惯能让孩子懂得尊敬父母，知道体谅父母，这样的孝道也能提升父母和孩子的感情。

除了在家里要"出必告，反必面"，在工作中，也应该"出必告，反必面"：临时有事要出去处理，要告诉同事，或者向上级请假；如果随意外出，不仅会给上级留下不好的印象，还可能导致因对待工作态度散漫而被开除。

"出必告，反必面"也提醒我们要学会设身处地地换位思考，了解身边的人的所思所想，然后考虑自己一言一行是否给别人造成负担。在家里做一个有礼貌、懂孝顺的好孩子，在单位做一个守规矩、晓礼仪的好员工。

事亲以敬，美过三牲

"事亲以敬，美过三牲"是西晋时期著名谱学家挚虞的名言，大意是说，在父母、长辈活着的时候尊敬他们，孝顺他们，比在他们去世后用隆重的仪式祭祀他们更重要，更有意义。

"事亲以敬，美过三牲"就是教育我们，要趁父母在世时多尽孝，而不要等到"子欲孝而亲不待"时再后悔。祭祀活动再隆重，祭品再丰盛也只是活着的人的自我安慰，不如在长辈、亲人活着的时候让他们享受饱食暖衣、陶然自得的生活。

孝敬父母，保障生活所需的物质条件必不可少，而精神方面也同样重要，要随时了解父母的所思所想，时常保持交流，经常回家看看，这些都是"孝"的重要内容。"在世不把父母敬，死后何必哭灵魂？"这是对每个儿女的劝诫。

清代版画《圣谕像解》，展现的是敦孝悌以重人伦的故事

趣味链接：

堂上二老是活佛，何用灵山朝世尊

"堂上二老是活佛，何用灵山朝世尊"是一句民间俗语，意思是说家中二老就是活着的"神佛"，好好供养就行了，不必到灵山去朝拜佛祖。

灵山，也叫灵鹫山，传说佛陀释迦牟尼曾在此修行，佛陀于菩提树下成佛后，第一句话便说："奇哉！奇哉！奇哉！一切众生皆具如来智慧德相，只因妄想执着，不能证得。"意思是说，每个人都有佛性，只是因为很多人被欲

清代唐卡中的释迦牟尼像

望所迷惑，开始追求外在的东西，比如求财、求色、求吃、求喝、求玩，大多数人太过执着于这些外在的东西，没人会珍视自己的内心，所以大多数人都成不了佛。

这句俗语源于一则故事。清代史洁珵所著的《德育古鉴》中提到，明代，安徽有个虔诚的佛教徒叫杨黼，他去四川参访无际大师。无际大师是禅宗中非常有名的大师。无际大师没有面见他，而是派一个老和尚对他说："无际大师是我的师父，他专门让我来迎接你，并且传话给你，你现在想见他，还不如去见佛。"杨黼不解，就问："无际大师让我见的那位活佛住在哪里呢？"老和尚说："你只要沿着来四川的路往回走，见到一个披着衣衫，倒穿着拖鞋的人，就是你要见的现世活佛。"

杨黼听信老和尚的话，就开始往回返。回到家的时候已经半夜了，他敲家里的门，他母亲听到了，赶紧起床，披上衣服，倒穿着拖鞋来给他开门。杨黼看到他母亲这个样子，一下子想起老和尚跟他说的话，恍然大悟：原来所谓的活佛就是自己的母亲。

这个故事说明，父母就是自己的活佛，孝顺父母，就会获得极大的福报。

世间父母对子女的爱心是最无私的，父母就是我们人生中第一个需要侍奉的"佛"。孝敬父母要从现在开始，从每时每刻开始，不要等到"子欲养而亲不待"的遗憾发生在我们身上才追悔莫及。

大孝尊亲，次之不辱，下之以养

"大孝尊亲，次之不辱，下之以养"出自《礼记·祭义》，是春秋末期思想家曾子说过的话。曾子认为，孝敬父母有三个层次：最高层次是从内心深处尊敬父母，言语、行为都能使父母发自内心地高兴；其次是为父母争光，不让自己的言行使父母受辱；最基本的是尽自己的力量奉养父母，让他们吃饱穿暖。

现在很多人认为，对父母尽孝心就是多赚钱给父母，逢年过节，不是发红包就是给现金，或者买各种保健品、补品给父母享用，这是物质上的奉养。父母的养育之恩仅仅靠钱财是报答不完的，用物质奉养父母只是最低层次的、最基本的孝心。

父母在养育我们的过程中，不仅付出了大量精力和金钱，更付出了深厚的情感，所以，我们孝顺父母时除了满足父母物质方面的需求，还应该付出情感，例如，有事征求父母的意见，意见不同也要注意沟通，多听听他们的想法，让父母高兴。此外，在社会生活中，为人处世要努力为父母争光，不能因

陈少梅（1909—1954）画作中展现的弃官寻母的场景

为自己不好的言行而让父母受辱。

即使给父母很多钱，但不付出情感，不尊重他们，父母也不会感到欣慰。

"父母者，人子之本源也。"父母是儿女的源头，如同树木有根一样。《孝经》云："孝为德之本也"，孝顺父母是做人的基本准则，作为子女，切莫以任何理由疏忽孝养父母这件人生大事。

不孝有三，无后为大

《孟子·离娄上》中说："不孝有三，无后为大。舜不告而娶，为无后也，君子以为犹告也。"

东汉经学家赵岐将孟子这段话理解为"三不孝"："谓阿意曲从，陷亲不义，一不孝也；家贫亲老，不为禄仕，二不孝也；不娶无子，绝先祖祀，三不孝也。"不娶媳妇，导致无子，祖先无人祭奠，就是第三种不孝。

清末通草画展现的生子的场景

在古代社会，人们十分重视对祖先的祭祀。西周时期，人们就确立了以崇敬天道、祭祀祖先为核心的信仰，称为"敬天法祖"。古人认为，人的生命是在子孙身上得到延续的，通过后代对祖先的祭祀，祖先的灵魂可以得到安息，血脉代代相连，永远传承。即使现代，我们依然保留着清明节扫墓的习俗。过去，扫墓的都是男性后裔，如果一个家庭没有男性后代，就会导致其先祖无人祭祀，这一情形被称为"绝后"，所以，"传宗接代"成为衡量孝与不孝的一个标准。在古代，妻子若没有生儿子，哪怕夫妻关系再好，也有可能被丈夫以"无子"的理由休掉。

"不孝有三，无后为大"这句话的意思，除了东汉经学家赵岐的解读外，历代都有学者进行解释，不过多以赵岐的解释为准。到了现代，学界有了不同的观点。2012 年 2 月 13 日，《齐鲁晚报》发表鲍震培的随笔《"不孝有三无后为大"到底是谁说的》，鲍震培认为，"孟子的原意并不是说不生孩子就是不孝，最不孝的其实是没有对长辈尽到后代的责任"。《现代语文》杂志在 2016 年第 9 期发表了赵亚萍的论文《"不孝有三，无后为大"释义之辨误》，赵亚萍认为，赵岐对"不孝有三，无后为大"的注释，与孟子"不孝者五"的内容相去甚远。"无后为大"，是指没有尽到后辈的责任。

关于"不孝有三，无后为大"的意思，虽然学界有不同的观点，但在民间，人们普遍认为没有儿子就是不孝。尤其是在封建社会，也是这么理解和传播的。如今，人们引用这句话时，也是当作"没有儿子，就是不孝"来理解。

趣味链接：
侄子门前站，不算绝户汉

清明节一般都要给逝去的先人们扫墓，如果家里没有儿女，就只能由侄子代为扫墓。"侄子门前站，不算绝户汉"，意思是说，有侄子给扫墓，就不算没有后代。

在过去，没有儿子怎么办呢？办法是过继。魏晋时期，司马懿的大儿子司马师身世显赫，但没有儿子。司马师无奈，只好把弟弟司马昭的二儿子司马攸过继为儿子。

在古代，过继是社会中的大事。《三国演义》第五回提到，"操父曹嵩原是夏侯氏，过房于曹家，因此是同族"。曹操本来应该姓夏侯，但是他的父亲是过继给了曹家的，所以他姓曹，名字叫曹操。

清代，对过继有一定的规定。《大清律例·户律·户役》规定："凡立嫡子违法者，杖八十。其嫡妻年五十以上无子者，得立庶长子……"规定只有嫡妻五十岁以后还没有孩子的，才可以过继孩子并立嗣。

家里只有女儿没有儿子，还可以给女儿招婿，做上门女婿的人，首先要立字据，字据上要写明"小子无能、改名换姓、生不归家、死不归茔，今自请某某向女家说合，甘愿入赘某某先生膝下承为子婿，以继烟祀。自赘之后，甘愿更名改姓，一切听从管束，遵守家风……"入赘的女婿，有了下一代，孩子须随母姓。赘婿这种现象，直到二十世纪还有，如今很少见了。

第二章 日常生活——逢人施礼，互致问候

"此心安处是吾乡"出自宋代苏轼的《定风波·南海归赠王定国侍人寓娘》，意思是：能让自己内心安定的地方就是家乡。家是能让人内心平静和安定的地方，家风、家教，是中国传统文化和传统礼仪的重要组成部分。

家庭成员在日常生活中传播的家风就成为家教，将家教进行文字的叙述和提炼就成为家训。无形的家风需要有形的家教才能流传下去并发扬光大。

在日常生活中，我们需要好的家教和家风，这样，家庭内部成员之间，家庭和亲友之间的交往才可以做到有礼有节，对内可以给后代良好的成长环境，有利于培养后代的教养；对外可以展现自己的风度，还能避开一些交际矛盾。有人说，家教与家风是一个家庭最大的资产。树立好的家风，知晓生活礼仪并身体力行，是一个家庭丰厚的财富，也是后代安身立命的本钱。

礼多人不怪

俗话说"礼多人不怪"。礼仪是我们在待人接物中谦虚恭敬的表现，也是一个人文明素质的体现。日常交往中要善于掌握一定分寸，既坦诚直爽又不失礼仪。无论在家里、单位，还是在公共场所，凡是言语、举止彬彬有礼的人，处处受人敬重；反之，举止粗鲁，不拘礼仪，不懂礼貌的人，往往遭人鄙弃。所以，礼多人不怪，不管对方是自己的亲人，还是朋友、同学，都应该以礼相待。

（1）打招呼

日常生活中，与人相见，首先要打招呼；客人进门，或者自己到别人家拜访也要打招呼。看似简单的打招呼，其实有很多学问：打招呼必须热情大方，

古人相见或拜访时，互相作揖问候

亲切主动，还要注意得体、适度，符合身份。对长辈要谦恭有礼，可以用相应的辈分称呼对方；对同事可以叫名字或姓氏加职务，态度要尊重；在办公室面对领导，应该放下手头的工作，起立问好；朋友之间，关系密切的人之间打招呼，用语可轻松、随意一些。

打招呼有很多禁忌，比如：打招呼时不能戴着帽子或墨镜，也不可以叼着烟卷或把手插在衣袋里，那样会给人很无礼的印象；不要不理睬向你打招呼的人，更不能对偶遇的熟人无动于衷；不要在对方有意回避你的情况下打招呼，这样会使对方尴尬；打招呼的同时不要把目光投向别处，心不在焉的样子会让对方认为不受尊重；不要在对方无暇顾及招呼的时候刻意打招呼和等待回应。

一个小小的打招呼就有这么多学问，可见日常生活中，注重礼仪是多么重要。

（2）居家礼仪

"夫坐东面西，妻坐西面东"出自《仪礼》，是古代关于夫妻之间座次顺序的规定，除此之外，家庭中尊卑长幼之间的礼仪规矩相当多，尤其在室内座次顺序这方面，大有讲究。

普通老百姓的家，大多是坐北朝南的一处房屋。一般在"堂屋"接待客人议事，在室内，以东为尊。夫妻之间的座次，在没有宾客的前提下，左为尊，右为次。如果有妾室，一般妾室是站在一边伺候，如果允许的话，则是坐在正房的右下侧方。

"不以规矩，不能成方圆。"在古代家庭中，还有很多礼仪需要遵守，例如：为人子不晏起，衣被自己整理，晨昏必定省；为人子坐不中席，行不中道；为人子出必告，反必面；长者与物，须两手奉接；徐行后长，不疾行先长；长者立不可坐，长者来必起立；同桌吃饭不另备美食独啖；等等。

（3）其他日常礼仪

日常生活中，除了打招呼和居家礼仪，还有很多礼仪小细节。

例如，去他人家做客，需要注意：先立门外轻轻扣门，主人让入方入；入内有他客，主人介绍时，须一一为礼，辞出时亦如；坐谈时见有他客来，即辞出；坐立必正，不倾听，不哗笑；不携一切动物上堂；主人室内之信件文书，概不取看；将上堂，声必扬；主人欠伸，或看钟表，即须辞出；饭及眠时不访客；访客不遇，或留片，或写字登留言牌；等等。

有客人来访，需要注意：每门必让客先行；入门必为客安座；室内有他客，应予介绍；敬茶果先长后幼，先生后熟；主人必下座，举杯让茶；客去必送致敬，远方客必送至村外或路口；远方客专来，须备饮食寝室，导厕所，导沐浴；等等。

平常和他人相处时，也需注意一些细节，如：他人正谈话，不宜插言；两人正对谈，不能在中间穿行；不高声喧哗扰乱他人视听；不横坐，不横腿，不扪脚；衣帽不加于他人之衣帽上；等等。

礼节是不妨碍他人的美德，是恭敬待人的善行，也是自己处世顺利的通行证。我们要从点滴做起，做一个有礼有矩的人。

坐不中席，行不中道

"坐不中席，行不中道"出自《礼记·曲礼上》，原文是："为人子者，居不主奥，坐不中席，行不中道，立不中门。"大意是说，做儿子的，居处不要占据室内西南角的尊位，坐时不要坐在主要位置，行走时不要走在道路正中间，站立时不要站在门的正中间。

"居不主奥"的"奥"，指的是室内的西南方，在古代，人们认为这是神的位置或尊贵之人所居之位。

"坐不中席"是指吃饭的时候，最主要的位置是父母或者尊长坐的，孩子不能坐在主要的位子上；去外面做客，一般首要位子是留给主要客人，如果不是主要客人，坐了主要位置，就会被笑话。

有这样一则笑话：有位老翁办六十岁大寿，在家大宴宾客。亲戚朋友前来祝寿，入席时，大家彼此谦让，不肯坐首席。老翁有事走开了一会儿，老翁的孙子在旁，见有个位置没人坐，就自己坐了上去。等老翁出来，见首席坐着的是自己的孙子，便责怪他不懂礼节，打了他一记耳光，并大声斥责道："这是什么位置，你怎么能坐这里？"他的孙子向众人哭诉道："怪不得你们都不肯坐，原来坐了要挨打啊！"坐错了位置不至于挨打，但是被人嘲笑是少不了的，因为一旦坐错了位置，在大家心中就是一个不懂礼节的人。所以，参加宴会，一定要注意自己的身份和地位，不要坐错了位置。

"行不中道"，"中道"指的是道路的中央。在古代，皇帝走中道，上朝时臣子只能走左右两旁，中间不能走，是尊敬皇帝的表现。在家中，中道一般是父亲走的，做子女的不应该走中道。还有一种解释，就是在古代家庭中，到一定的年龄，男女就应该"异路"，女子有女子走的路，男子有男子走的路，"中道"的意思就是不要走在中间，各有各的道路。如果家中只有一条路，走的时

明代仇英画作中园林宴饮的场景

候要靠边一点。

　　"立不中门"和"行不中道"的意思类似，如果横在门中间，别人想出去的出不去，想进的进不来，就显得这个人没眼力见儿，容易被长辈训斥。

　　"坐不中席，行不中道"是对日常生活礼仪的一种概括，礼仪不仅仅在于国家层面外交，也不止于庙堂之高，而是存在于日常生活的方方面面，所以，要从日常生活做起，养成知礼、懂礼、尊礼的习惯。

趣味链接：

虚坐尽后，食坐尽前

　　《礼记·曲礼上》中说："虚坐尽后，食坐尽前。坐必安，执尔颜。"在古代，古人是席地而坐，臀放脚踝部位，当与客人对坐，不吃饭时，应尽量靠后坐；当吃饭时，就要靠近桌子坐。此外，还要坐姿稳，容颜正。

　　不吃饭时要"虚坐尽后"，是因为虚坐是休闲时的坐法。"尽后"就是坐得靠后，与对面交谈者保持距离，以示谦恭，不至于唾沫星子乱溅；"食坐尽前"就是在吃饭的时候，要靠近摆放饭菜的食案，以免不慎掉落的食物或者汤水弄脏了座席，弄脏了衣服，显得很狼狈。

　　以上是古代餐桌上的礼仪规范。关于席地而坐，古代还有"席不正不坐"的礼仪。

　　"席不正不坐"出自《论语·乡党》。春秋时代，人们家里的设施比较简单。当时没有椅子，家里人都是坐在席上，来了客人也都是席地而坐，所以对席是很讲究的，也衍生出不少与席有关的词，如：坐在席中心的人，地位较高，称作"主席"；举行的宴会叫"筵席""酒席"；参加叫"出席""坐席"；不参加叫"缺席"；中途回去叫"退席"；男子长大了，才能有"一席之地"，才有自己的"席位"；等等。

　　在唐代以前，席地而坐是比较普遍的起居习俗。席又分为"筵"与"席"两种。筵是比较大的竹席，一般是铺满室内，与现在的地毯类似。"席"一般用蒲草编制，呈长方形，放置在"筵"的上面，起到隔潮的作用。

　　古人在坐席方面有严格的礼仪，"席不正"，说明对客人或德高望重的人的地位没有给予重视，也不尊重人，"不坐"，就是一种抗议。

古人在花园席地而坐，欢快宴饮的情形

　　根据孔子弟子们的有关记载，孔子每次讲学时，在落席之前，一定要先观察席放得是否端正，若席子不摆放端正，他不会坐下。

　　从孔子对待礼仪细节这样的小事来看，"席不正"虽然只是一件小事，却体现了孔子对礼仪的重视。

　　"席不正不坐"也要求我们，在工作和生活中要注意遵守礼节。

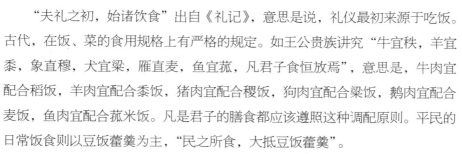

夫礼之初，始诸饮食

"夫礼之初，始诸饮食"出自《礼记》，意思是说，礼仪最初来源于吃饭。古代，在饭、菜的食用规格上有严格的规定。如王公贵族讲究"牛宜秩，羊宜黍，象直穆，犬宜梁，雁直麦，鱼宜菰，凡君子食恒放焉"，意思是，牛肉宜配合稻饭，羊肉宜配合黍饭，猪肉宜配合稷饭，狗肉宜配合梁饭，鹅肉宜配合麦饭，鱼肉宜配合菰米饭。凡是君子的膳食都应该遵照这种调配原则。平民的日常饭食则以豆饭藿羹为主，"民之所食，大抵豆饭藿羹"。

《礼记·礼器》中说："礼有以多为贵者，天子之豆二十有六，诸公十有六，诸侯十有二，上大夫八，下大夫六。"而民间平民的饮食之礼则"乡饮酒之礼，六十者三豆，七十者四豆，八十者五豆，九十者六豆，所以明养老也"。

古人还讲究饭菜的摆放方式和宾主的座席。周代，在贵族阶层设宴招待宾客的场合，讲究餐具、菜肴的摆设规则，相关记载见于《礼记·曲礼》《礼记·少仪》等史料中。

古代宴席，先进行祭食礼仪，接着便行饮酒礼仪。酒在筵席中不仅是礼的需要，更起着乐的作用，故有"依酒成礼""借酒助兴""以酒作乐"等说法。周代对此有细致的规定：进门不脱鞋，边喝酒边聊天是为"礼"；脱鞋席地再喝，是为"宴"；能喝者喝，不能喝者不喝，叫"沤"；大家一起喝，是为"沉"；喝得出不了门，叫"湎"。君子可以"礼""宴"，可以"沤"，但不可以"沉""湎"。饮酒时，要小口细品，不能大口喝，更不能喝得酩酊大醉，否则就是失礼的表现。

客有客礼，家有家风。在外吃饭，讲究的是礼节；在家吃饭虽不拘束，但也有规矩，因为餐桌上藏着一个家的家风。吃饭时的座次、吃相等，都能体现一个人素养的高低。

《礼记》中说："凡侑食，不尽食；食于人不饱"，意思是说，陪长辈吃饭，不能只顾自己吃；做客吃饭，不能吃得太饱。

"食勿响舌，咽勿鸣喉"，是指品尝菜肴的时候，不要发出声音，吞咽的时候也不要发出声音。

五代时期顾闳中（910—980）绘《韩熙载夜宴图》

还有"食不言，言必周"，是说吃东西时不要讲话，等把饭菜咽下后，才可以与人交谈，这样才不至于噎食，也不至于喷饭；与人交谈的时候，言语周全，有礼有度，不说大话，不说谎话，不说轻浮的话，也不要沉默不语导致冷场。

另外需要注意的还有：长辈不动筷，晚辈不能先吃；主人先开动取食，客人再开动；客人未用完餐，主人不能离席；吃饭时不能抖腿，不能吧唧嘴；不能用沾了饭的筷子夹菜，不能把筷子竖着插在米饭中央，不能用筷子剔牙，不能用筷子碰碗发出声音，不能把筷子或叉子含在嘴里，不能拿着筷子对别人指指点点；吃菜只能夹自己这边的菜，不可过盘中线，也不可以胡乱翻；不能把多盛的饭倒回锅中，也不能把吃过的菜放回盘中；不能争抢菜肴，不能当众剔牙；咳嗽、打喷嚏应转过脸去，不能直面别人和饭菜；等等。

小小的一餐饭，隐藏着为人处世的大学问。如果在宴会中能照顾到席间宾客的感受，事事想着他人，自会得到他人的喜爱；再加上把握好言谈举止的分寸，处事让人舒服，也会得到他人的信赖。

食不厌精，脍不厌细

"食不厌精，脍不厌细"出自《论语·乡党》，大意是粮食要尽量舂得精些，鱼或肉尽量切得薄而均匀，强调食物制作方面的精细。孔子是要用这句话表达对祭祀的看法，强调祭祀给祖先的那一碗饭，要做到米粒饱满，肉片均匀，以此来表明后代的虔诚和恭敬。

孔子一生过着比较贫穷的生活，饮食上也不是很精致，经常粗茶淡饭，有时

清代画作中百姓舂米的场景

候还吃不饱饭。但是孔子所说的"食不厌精，脍不厌细"不是告诉人们要享受精细的食物，而是指在祭祀祖先时，即使自己日子不好过，平时粗茶淡饭，也应该把最好的食物拿出来祭祀祖先；应选用上好的原料，加工时要尽可能精细，这样才能达到"孝与礼"的意愿。孔子对祭祀祖先或神仙祭品的要求，是表示对祖先或神仙的虔诚，而并非对日常膳食和烹调的要求。

趣味链接：

鱼　脍

周代就有吃鱼脍（生鱼片）的记载，周宣王时期的青铜器"兮甲盘"上面的铭文记载，当年周师凯旋，大将宴请，主菜就是烧甲鱼加生鲤鱼片。《诗经·小雅·六月》中记载："饮御诸友，炮鳖脍鲤"，"脍鲤"就是生鲤鱼。

《礼记》中记载："脍，春用葱，秋用芥"，《论语》中又有对脍等食品"不得其酱不食"的记载，可以看出，先秦之时的生鱼脍，当是用加了葱、芥的酱来调味。

秦汉之后，牛、羊等家畜和野兽的"脍"渐渐少见，"脍"通常是指"鱼脍"，又衍生出一个"鲙"字专指生鱼片。在古代，"脍"和"鲙"经常混用。

东汉时期，应劭在《风俗通义》中记载："祝阿（今山东齐河县祝阿镇）不食生鱼"，说明当时吃生鱼片的现象很普遍。东汉广陵太守陈登很爱吃生鱼脍，三国时期的曹

邓碧珊（1874—1930）所绘《鱼藻图》

植也喜欢吃鱼脍。

南北朝时，出现金齑玉脍，北魏贾思勰所著《齐民要术》一书中介绍了金齑的做法。

隋代时，隋炀帝到江都，吴郡松江献鲈鱼，隋炀帝说："所谓金齑玉脍，东南佳味也"，可见隋炀帝也很喜欢吃鱼脍。

唐代，有不少诗词反映了鱼脍的受欢迎程度。王维在《洛阳女儿行》中的"侍女金盘脍鲤鱼"，白居易《轻肥》中的"脍切天池鳞"，都是关于鱼脍的记载。唐代杨晔在《膳夫经》中把适合做鱼脍的鱼分成三个等级：列入头等的只有鲫鱼，次等的有鳊鱼、鲂鱼、鲷鱼和鲈鱼，再次等的包括鳜鱼、味鱼、鲐鱼、黄鱼和竹鱼。

鱼脍也是在这一时期传至日本。

宋代，食用鱼脍依然很普遍，当时有"红丝水晶脍""鲫鱼脍""沙鱼脍"等。

元代，宫廷也有生鱼片菜肴，元曲中亦有关于鱼脍的内容，关汉卿的杂剧《望江亭中秋切脍旦》，就有谭记儿乔扮渔妇，为杨衙内切脍的情节。

明代，刘伯温把鱼脍的制作方法写进《多能鄙事》一文中："鱼不拘大小，以鲜活为上，去头尾，肚皮，薄切摊白纸上晾片时，细切为丝，以萝卜细剁姜丝拌鱼入碟，杂以生菜、芥辣、醋浇。"

清代，文献中仍然有鱼脍的记载，江浙一带的名医王士雄在所著《随息居饮食谱》里就有鱼脍的论述。

现代，北方的满族和赫哲族的一些村落仍然有吃生鱼片的习俗，南方一些汉族聚居区也有吃生鱼片的习俗。

穿衣戴帽，各好一道

俗话说"穿衣戴帽，各好一道"，穿什么样的衣服，什么样的鞋子，戴什么样的配饰，做什么样的搭配，都可以有自己的风格和爱好。但是在古代，穿衣戴帽不是很随意的事情，而是有一套礼仪规范。

中国的服饰文化源远流长。夏商周时期，中原华夏族的服饰是上衣下裳，束发右衽。深衣和冕服始于周代，这两种服制，对后世都产生了深远的影响。

周初开始制礼作乐，对贵族和平民阶层的冠服制度作了详细规定，统治者以严格的等级服装来显示自己的尊贵和威严。

春秋战国时期，深衣开始广泛流行，还出现了胡服。

到了汉代，深衣仍很流行，汉代也是传统冠服制的确立时期。

魏晋南北朝时期，由于大量少数民族进入中原地区，胡服成为当时普遍的装束。汉族贵族也在胡服的基础上加以变化，方法是将其长度加长，加大袖口和裤口，改左衽为右衽。但礼服仍是传统的汉族礼服形式。

隋唐时期，男子的常服为幞头、袍衫，穿长靿靴。此外，还有襕袍衫和缺胯袍衫等式样。

宋代的服饰大体沿袭唐制。宋代的缺胯袍衫式样有广袖大身和窄袖紧身两种。穿褙子和半臂的习惯极为普遍，但都不能作为礼服用。

辽、金、元时期的服饰有一个共同的特点，既沿袭汉唐和宋代的礼服制度，又具有本民族的特色。辽金男子的服饰多为圆领、短袖的缺胯袍，着长筒靴或尖头靴，下穿裤，腰间束带。元代男子的服饰有汉族的圆领、交领袍，也有本民族的质孙服。此外，元代由于棉花的广泛种植，棉布成为服饰材料的主要品种。

古画中的元代人服饰及样式

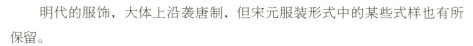

明代的服饰，大体上沿袭唐制，但宋元服装形式中的某些式样也有所保留。

清代的服饰对近现代服装形式的影响较大，清代男子服饰分为三种：汉族传统服装、满族民族服装和外来西洋服装。清代袍的式样，是在汉族传统服装的基础上加以变化，并汲取满族服装的特点，一般袖子比较窄瘦。马褂是清朝特有的服装，式样多为圆领，有对襟、大襟、琵琶襟等式样，有长袖、短袖、大袖、窄袖之分，但均为平袖口。

直到清末，西洋服装传入，我国的服装发生了重大变化，进入近现代服装发展阶段。

在古代，服饰除了"避寒暑、御风雨、蔽形体、遮羞耻、增美饰"等实用功能，还有"知礼仪、别尊卑、正名分"的特殊意义：祭祀有祭服，朝会有朝服，婚嫁有吉服，从戎有军服，服丧有凶服，日常则有便服。服饰的礼仪涵盖了生活的方方面面。对不同阶层的人，服装的质地、颜色等方面都有严格的规定和限制，不可随便逾越。

（1）质地

在棉花传入我国之前，古人的衣料只有丝织品和麻葛织品两类。这类衣料价格昂贵，只有贵族和上层社会人士可以穿着。平民百姓一般只能穿麻布衣和葛布衣，所以叫"布衣"。

汉代，刘邦曾规定商人不能穿带有花纹的细绫细葛料子制作的衣服。

唐代，唐高祖李渊规定，未入流官吏、庶人、部曲、奴婢可以穿绸。唐文宗也规定，没有官身的人，只能穿粗葛布料子的衣服。

（2）颜色

《论语·乡党》里说："君子不以绀緅饰，红紫不以为亵服。""绀"是天青色，饰是指滚边、镶边。古代大红色叫"朱"，红和紫都属此类。亵服，本指内衣，也可指平常居家休闲时的服装。古代黑色是正式礼服的颜色，而"绀緅"近于黑色，所以不用来镶边。朱红是很贵重的颜色，所以也不用来做亵衣。

隋唐以后，服色等级制度高度强化，服裳颜色形成了一个严格的等级序列。隋朝规定五品以上的官员可以穿紫袍，六品以下的官员分别用红、绿两个颜色，小吏用青色，平民用白色，而屠夫与商人只许用黑色，士兵穿黄色衣袍。唐朝武德年间规定，亲王及三品以上用紫色，四品、五品用朱色，六品、七品用绿色，八品、九品用青色，流外官、庶人、部曲、奴婢用黄、白二色。

穿龙袍的清同治皇帝（1856—1875）画像

宋初沿袭唐制。宋神宗时期，改为四品以上服紫色，六品以上服红色，七品至九品服绿色。到了南宋，服色的等级界限被冲垮，百官公服尽着紫色窄衫，且无品秩之限。

明清时期，官员等级主要体现在纹饰上，品色服制度废除。

据《明史·舆服志》载，朱元璋规定，官吏所着常服为盘领大袍，胸前、背后各缀一方形补子。文官绣禽，以示文明；武官绣兽，以示威猛。一至九品所用禽兽尊卑不一，借以明贵贱、别官品。

清朝承明旧制，小有调整。

服饰之美，在于内在气质与外在形式的和谐统一。孔子说："质胜文则野，文胜质则史，文质彬彬，然后君子。"文是文采，本义是衣服上各种颜色交错织成的彩色花纹。质是本质，是内在的修养。对于个人来说，言行和外表若都不加修饰，不修边幅，会显得过于无礼或随便；而对言行和外表的修饰若超过了本质，又有失真实。

穿衣也是一种礼节，衣服穿在自己身上，要考虑到会给他人带来什么样的感受。《论语·乡党》中记载：孔子的家常衣服，不用祭服的颜色装饰衣领和袖口的边缘，便服不用非正色的红色和紫色。炎热的夏季，在室内穿的是细布做的单衣，但是出门时，一定将外衣穿上，做到内外有别。

古时候对儿童的教育，就是从"衣服冠履"开始的。良好的仪态，整齐的穿着，会让人看起来很舒服，不会失礼于人。

如今，穿衣也不可以太随意，穿衣讲究整齐大方，干净利落，这样既有利于身心健康，又能树立良好的个人形象。

趣味链接：

"十二章"纹样

"十二章"纹样，是帝王及高级官员礼服上绘绣的十二种纹饰，"十二章"纹样包括日、月、星辰、山、火、龙、华虫、宗彝、藻、粉米、黼、黻，几乎囊括了天地之间的一切有代表性的事物，且内涵丰富。

日月星辰，可以带来光明，古代的人们认为日月和星辰在宇宙中有着主宰一切的意义。日一般是绣在上衣的左肩上，而月则是绣在上衣的右肩上，星辰是绣在日和月的下面。

山是绣在上衣上的，由于山川显得稳重，用在衣服上有隐喻江山永固的用意。

火，既有光明的意思，也有旺盛向上的吉利含义。

龙，取其神异、变幻之意，体现帝王的高贵。

清代绘有十二章纹样的龙袍

华虫，即雉鸡（野鸡），雉鸡羽毛艳丽多彩，被看作凤凰的化身，寓意文采昭著。

宗彝，是古代用来祭祀的礼器，象征着忠于国家、孝顺长辈。宗彝往往成对出现，分别画虎和蜼（一种长尾猴），又寓意智勇双全。

藻是水草，寓意洁净。

粉米，取粉和米有所养之意，寓意用粮食滋养民众。

黼，白色斧刃，象征着刚健果断和雷厉风行。

黻，像两把弓相背，代表明辨是非和知错能改。

因为"十二章"纹样在思想意识上具有巩固统治阶级皇权的功能，所以被后世历代王朝所采用，一直保留到清代。

男女授受不亲

"男女授受不亲"出自《孟子·离娄上》，原文是："淳于髡曰：'男女授受不亲，礼与？'孟子曰：'礼也。'"

这句话的大意是：淳于髡说："男女之间不能亲手递接东西，是礼法的规定吗？"孟子说："是礼法的规定。"

"授"是给予，"受"是接受，这句话表明古代男女不能互相亲手递接物品，这也是儒家思想束缚男女的一种封建礼教。

《礼记·曲礼》中说："男女不杂坐，不同椸枷，不同巾栉，不亲授。叔嫂不通问。诸母不漱裳。外言不入于梱，内言不出于梱。女子许嫁，缨；非有大故，不入其门。姑姊妹女子，已嫁而反，兄弟弗与同席而坐，弗与同器而食。"这段话的大概意思是，男女不可以坐在一起，不可以共用一个衣架，不可以共用面巾和梳子，不可以亲手互相

清代顾洛（1763—约1837）画作中大家闺秀练习书法的场景

递东西。小叔和嫂嫂之间不能互相问候。不可以让庶母给洗下半身的衣裳。男人谈的事情不得让家里的女人知道并干预，妇女在闺房所讲的话也不得拿到外面宣扬。女子订婚之后，要头上佩戴彩带。其他人没有要紧的事，不得进入女子的闺房。女子出嫁以后回娘家，兄弟不可与之同席而坐，不可与之共用同一器皿进食。

在华夏民族的早期，对男女之间行为规范的要求并不严格。到了战国时期，儒家经典规定了贵族家礼，强调男女隔离与疏远，严防非夫妇关系的两性有过多的接触。随着儒家思想成为社会主流，女性逐渐沦为男性的附庸，受到封建礼教的诸多束缚，这种情况到了宋代以后尤为严重。

新文化运动时期，"男女授受不亲"作为一种封建礼教思想受到批判，如今，很少有人再遵循"男女授受不亲"的礼仪了，但是男女之间的交往还是应遵循一定的礼节，注意把握分寸。

家丑不可外扬

"家丑不可外扬"出自宋代普济所编写的《五灯会元》，意思是家中的丑事不可对外人宣扬。

魏晋南北朝时期就有了"家丑不可外扬"的礼仪规范，在当时，一些名门望族规定，如果家族内部出了不好的事情，一定不能泄露出去。因为出了家丑，有可能被褫夺官职和爵位。后来，这样的家庭规范开始得到更多人的认可，逐渐在民间流行起来。

在封建时代的社会环境中，人们很注意"家丑不可外扬"，因为"家丑"之所以被称为"家丑"，就是因为自己都觉得不光彩，所以不应该让更多的人知道，而应在家庭内部解决。

"家丑不可外扬"在一定程度上保证了家庭的和谐，维护了家庭的荣誉，但有时也存在消极性：家丑的发生意味着某些家庭成员的个人权益受到侵犯，"家丑不可外扬"容易使某些家庭成员的合法权益受到损害。

清代画作中表现的夫妻相亲相爱的场景

现代社会，自由、平等的观念逐渐深入人心，每个人无论在家庭中还是社会上，都享有平等的权利和地位。家丑"外扬"或"不外扬"属于个人的权利，但它要受到法律的约束和保障。如果"家丑"不涉及他人利益，出于保护隐私的需要，家庭或组织有权利"不外扬"；当"家丑"已触犯法律，或者已侵害公共利益，就需要公开，需要相关部门介入。"家丑不可外扬"的观念需要我们一分为二地认识。

趣味链接：

清官难断家务事

"清官难断家务事"出自明代冯梦龙编著的《喻世明言》第十卷："常言道清官难断家事。我如今管你母子一生衣食充足，你也休做十分大望。"意思是，再公正的官吏也很难论断家庭纠纷的是非曲直。

为什么家务事难断，连清官都无从介入？原因主要有两个：

一是处理家务事，目的是使家庭和睦，不激化矛盾，所以很难去讲谁对谁错。

二是处理家务事，会出现惩罚轻重问题，即使对错明确、责任易判、处罚得当，有时也会落得挨骂、不被当事人接受的结局。

民国时期《包公奉旨审郭槐》烟卡

不蹈无人之室，不入无人之门

"不蹈无人之室，不入无人之门"这句俗语源于《格言联璧·接物类》中的一句话："不蹈无人之室，不入有事之门，不处藏物之所"，是告诫人们不要随便走进没有人的屋子，以免招惹是非。

进别人家时，应先敲门，得到主人许可后再进入。如果主人家门开着，也要先招呼一声，室内有人搭话后再进入。否则，就是没有礼貌。

在过去农村宅院的大门上，经常可以看到一对铁质的圆环，形状像极了传统乐器中

过去大门上的兽面门环

的"钹"，所以称为"门钹"。因为看起来像草帽扣在门上，所以在农村也被称作"铁草帽"。门钹不仅可以作为门的装饰，更重要的是用于叩门，就像现在楼房的门铃一样。

按门铃也有礼仪要遵循，正确的做法是：先轻轻地按一下，隔一会儿再按一下。如果乱按一气，就是失礼行为，会让主人家厌烦。去亲友家拜访，亲友家如果没有门铃，可以敲三下门，也可敲两下。当听到有人来开门时，要后退一步，让主人从门镜中看清来者。

在工作中，进入别人的办公室也应该先敲门，表示一种询问——"我可以进来吗"，或者表示一种通知——"我要进来了"。身为下属，向领导请示或汇报工作时也要敲门，敲门时，应端庄郑重，连敲三下后，如果没反应，可以稍等一会儿再敲一遍，若仍无反应，表明领导不在，就该及时离开。如果恰逢领导的门开着或虚掩着，也要敲门，没有得到许可，绝不可贸然进入。

"不蹈无人之室，不入无人之门"这种礼仪，父母应该言传身教，让孩子知道敲门是尊重别人的隐私和空间的表现，并将这种礼仪逐渐变成一种

修养。

礼仪来源于细节，做好细节，才能提升自己的修养，赢得更多人的喜爱。

前门不进师姑，后门不进和尚

《醒世恒言》中有"前门不进师姑，后门不进和尚"一句，"师姑"是指尼姑。

过去，人们认为妇女应遵守礼仪，断绝和僧尼往来。

西汉末期，佛教开始传入中国。当时的佛教还比较原始，组织方式沿袭了印度的僧团制度，恪守四大皆空，与世俗往来不多，即使结交世人，也是有名望有身份的人士。魏晋南北朝时期"笔记小说"的代表作《世说新语》中就记载了二十多位僧人和当时名士的交往。

到了东晋时期，一些统治者开始利用佛教教化百姓，很多人开始追随佛教，出家为僧。随着僧人数量增多，人员混杂，不符合佛教教义的行为也开始出现。再加上僧尼们并不受当时统治者的管理，统治者于是开始灭佛，著名的事件就是南北朝至唐代的"三武灭佛"（北魏太武帝灭佛、北周武帝灭佛、唐武宗灭佛这三次事件的合称）。

隋唐时期，佛教重新得到统治者的重视。也是在这一时期，佛教大兴的同时也在统治者控制下开始了本土化改造。

元明清时期，僧人的形象再度崩坏，不守佛教清规戒律、贪得无厌等行为已不鲜见。

民国时期，鲁迅先生的《阿Q正传》中，阿Q遇到尼姑便调戏怒骂："我不知道我今天为什么这样晦气，原来就因为见了你！"小尼姑面对阿Q的羞辱竟然无法辩驳，而且围观众人都将这种现象视为正常，从一个侧面说明了当时社会对僧人和尼姑

清代画作中妙玉焚香的场景

这个群体的认知和不屑。

"前门不进师姑，后门不进和尚"是提醒人们避嫌，前门不让尼姑进，后门不让和尚进，以此表明和这两种人没有来往。因为一旦有来往，被他人看到了，即使是正常来往，也会被误认为不走正路，不守规矩，使自己名声受损。

这句俗语也是告诫人们，要遵守世俗的礼仪规范，尽量远离不该招惹的麻烦人或麻烦事。俗话说"跟着好人学好人，跟着巫婆学下神"，"近朱者赤，近墨者黑"，要多交良师益友，对不该交往的人要敬而远之。

趣味链接：

宁住庙前，不住庙后

在我国的传统习俗中，一般住宅都远离寺庙、祠堂、坟场，因为人们认为住在这样的地方不吉利。如今，有些寺庙周围也有人家居住，但是庙后往往没有人家居住，这是什么原因呢？有些人认为，住在庙后，房屋容易被寺庙

老北京明信片中的雍和宫，雍和宫是清代后期全国规格最高的一座佛教寺院

内高大的建筑遮挡，不仅光照少，还容易被寺庙里的诵经声、钟鼓声打扰作息，久之必定影响睡眠甚至影响身心健康。还有人认为，寺庙都是坐北朝南，北为阴，南为阳，庙后皆为阴地，住在庙前，还能经营些香蜡火烛小生意，而在庙后居住，则会"折福折寿"，所以"宁住庙前，不住庙后"。

大年初一起五更，大年初二日头红

春节是中国最隆重的传统节日之一。在古代，大年初一讲究"以早为贵"，因为大年初一为四时之始，人们希望早有所成，一切占先，所以人们早起床、早鸣鞭炮、早开福门、早出门拜年，等等。不管除夕夜玩到多晚，初一早上，大人和小孩都必须早早起床。过了初一，就没那么多讲究了，就可以按照日常生活规律行事，所以大年初二这天开始，等太阳出来了、七八点钟起床也不会被责怪，所以就有了"大年初一起五更，大年初二日头红"的说法。

春节期间，有许多礼仪需要注意。

（1）初一早起拜年忙

大年初一，人们都早早起来，穿上漂亮的衣服，打扮得整整齐齐，出门走亲访友，相互拜年，场景可谓热闹非常。

拜年一般从家里开始，首先是拜天地，然后是拜祖宗（牌位），再往后是拜高堂尊长，即晚辈给长辈拜年，顺序一般是爷爷、奶奶、父母、叔伯等，给家中长辈拜完年后，再给亲戚、好友拜年。

拜年时，要注意一些礼节。

首先，着装要得体。衣服的颜色以暖色调为主，红色更佳，不仅渲染了喜庆的气氛，还带着传统意义上趋吉避邪的意思。

其次，言语要合适。所谓"过年言好事，出口称吉祥"，去亲友家拜年，进门要主动问候、打招呼；与主人之间的聊天内容应以问候、寒暄为主，以增进彼此间的感情；多说吉祥话、赞美的话，避免抱怨、牢骚的话题；避免表功劳、说大话；不能说不吉利的话；玩笑调侃要掌握好度，适可而止；等等。

最后，要注意去他人家里时的细节。拜年时的活动场地以客厅为主，未经主人允许，不宜主动进入各个房间参观；拜完年后可以在主人家稍微坐一会儿，但不宜久留，以免影响主人外出办事或拜年；去拜年的时候，如果对方还在睡觉，要等主人起床之后再拜年，因为按民间说法，给躺在床上的人拜年会使对方整年"缠绵病榻"。

另外，晚辈给长辈拜年，长辈受拜后，会将事先准备好的压岁钱分给晚辈，晚辈应双手接过压岁钱，并向长辈致谢。

清代郎世宁绘《岁朝行乐图》，古代，大年初一称为岁朝

杨柳青年画《大过新年》，天津博物馆藏

拜年是人们辞旧迎新、相互表达美好祝愿的一种方式。古时"拜年"一词原有的含义是给长者拜贺新年，包括向长者叩头施礼、祝福新年如意、问候生活安好等内容，同辈亲友之间，也要施礼道贺；到了现代，给长辈跪拜的形式在一些农村地区还很常见，但大部分情况，拜年已经以拜访、作揖、抱拳加说"新年好""身体健康""恭喜发财"等祝福的话的形式为主；随着时代的发展和科技的进步，电话拜年、微信拜年、短信拜年等形式成为拜年新风尚。

（2）有些字眼不能说

大年初一这一天，人们都谨记不说脏话、粗话，更不说不吉利的话和字眼，凡是诸如"破""死""病""输""穷""完了""没了""碎""毁""丢""裂"等不吉利的字眼，在这一天都避免说出口。

（3）出嫁的闺女不能在娘家过年

农村有句古话，叫"嫁出去的闺女泼出去的水"，出了嫁的闺女对娘家来说是"外人"，按照古代的迷信观念，已逝的老祖宗，年底从天上回家享受供奉，老祖宗如果看到家里有"外人"，就不愿进家了，因而出嫁的闺女除夕、初一不能待在娘家，到了大年初二，出嫁的闺女才可以回娘家拜年。现代人的观念虽有所转变，很少有人再相信鬼神，但这种习俗在农村还一直沿袭着，并成为一种独特的春节礼仪。

（4）"一不动""二不关""三不说"

中国民间的传统礼仪，吃年夜饭是很有讲究的。一是要重"口彩"：把年糕叫"步步高"，饺子叫"万万顺"，酒水叫"长流水"，面叫"长寿面"，鸡蛋叫"大元宝"，等等。二是忌讳有人串门，因为除夕的年夜饭一般是和家人一起吃，如果有陌生人来打扰，则被称为"踩年饭"，会给来年带来不利的影响。

过去，农村地区吃年夜饭还讲究"一不动""二不关""三不说"。

佚名《财神图》

"一不动"指的是不能动筷子吃鱼。鱼是很多人家年夜饭中会有的一道菜。这道菜的寓意是富贵有余，年年有余，所以人们不会吃这条鱼，而是会将这条鱼当成装饰品一直摆放在年夜饭中，以免因动了这条鱼而使财富无法延续。

溥心畬（1896—1963）画作《送穷鬼》

"二不关"是指不关宅院大门和不关灯。过去人们认为，过了除夕夜的零时之后，财神就会到各家各户"巡视"并"送财"。倘若关上了宅院大门，就会将财神挡在门外，从而使自家无法得到财神赐予的财富。人们还相信，财神是"喜神"，喜欢到有灯光的地方去。因此，除夕夜，家里必须整夜亮着灯，以备财神随时"光临"和"送财"。

"三不说"指的是不说不敬之语、不说晦气话、不说"鬼"。

（5）正月初五不出门

正月初五是"破五"，俗称"破五节"。民间认为，过年期间诸多礼仪禁忌，过了此日皆可破，从而得名。民国时期徐珂汇编的《清稗类钞》记载："正月初五日为破五，妇女不得出门。"不仅妇女不得出门，这天也忌出门串亲访友，因为人们认为，走亲访友会把晦气带到亲友家。

趣味连接：

二十四，写大字

新春开始，第一件事便是贴门神、贴春联。春联大多用红纸书写，但也有例外，例如庙宇是用黄纸，守制是用白、黄、绿三色。有些地方讲究的是，家里有人去世，守孝的人家第一年必须贴白色春联，第二年就应贴黄色春联，第三年贴绿色春联，第四年才能贴红色春联，意思是头年白，二年黄，三年生机勃勃，四年红杠杠，也就是通常所说的"一白，二黄，三绿，四红"。

俗话说"二十四，写大字"，意思是过了腊月二十四，就可以写春联了。各地习俗不同，贴对联的时间也不尽相同。从腊月二十三（小年）开始，到大年三十，陆陆续续有人贴春联。一般来说，腊月二十八、二十九，是集中贴春联的时间。

贴春联有很多禁忌，比如，古时候，写书念字都遵循从右到左的习惯，所以贴春联有讲究，上联贴在右侧的那扇门上，下联则在左侧那扇门上。贴春联的时间也有很大的讲究，按照古人的习惯，是在除夕当天的上午贴春联，因为按照古

清代插屏上的"福"字

人的思想，一日之计在于晨，上午贴春联寓意将所有好的运气都留在了家里，而中午或下午贴春联则没有这个意义。

春联一定要等全家人都到家后再贴，尤其是大门的春联，否则就等于将还没到家的家人"关在门外"了，不吉利。

中国春联中有个比较特别的单字——"福"，代表着美好的祝福。按照传统礼仪规定，"福"字一定要倒着贴，象征着"福气到家"。但正大门的位置，不能将"福"字倒着贴，因为传统观念认为，在大门口把"福"字倒过来贴，有把福气倒光的意思。

男勿看春，女勿看灯

"男勿看春，女勿看灯"里的"春"，指的是春天的"鞭春"活动；"灯"，指的是过节看花灯。

古代社会，每年的春耕秋收是头等大事，过去统治阶层的首要任务就是保障老百姓们吃上饭，都祈望农作物丰收。历代皇帝都非常重视每年立春的迎春活动，有的甚至亲自下场，带领百官参加，一是祈求丰收，二是与民同乐。迎春活动中有一项就是"打春牛"，即"鞭春"。用鞭子抽牛是犁田的必须动作。皇帝模仿这个动作，既鼓励了老百姓，又显示了自己爱民如子，参与了农业活动。

鞭打春牛也可以看作春耕的开始。这个习俗自六朝开始，于唐宋盛行，明清时期全国流行，民国时期渐渐销声匿迹。

鞭春礼仪中用鞭子抽打的春牛，并不是真正的耕牛，而是用红泥雕刻而成。

在民间，"鞭春"这项工作一般是挑选年轻、能力出众的小伙子来承担，这份荣耀在年轻人当中经常引起争抢。"鞭春"之后还有"抢牛头"活动，谁抢到"牛头"，意味着谁讨到了好彩头。由于这种激烈对抗容易造成身体上的伤害，甚至引发矛盾或骚乱，所以有"男勿看春"之说，就是为了避开祸端。

明代唐寅（1470—1523）画作中春牛耕地的场景

　　在古代，元宵节有赏花灯的习俗，这一天有很多年轻的男女一起去赏花灯，在花街之上难免会有男女一见钟情，私定终身。在封建社会，儿女的婚姻受到父母的管制，传统的女子都是深闺简出，不轻易让别人看到，更不要说和男人私定终身了，所以有"女勿看灯"之说。

趣味链接：
正月十五月儿圆，吃了元宵把灯看

　　农历正月十五日，是中国的传统节日元宵节。正月为元月，古人称夜为"宵"，而十五日又是一年中第一个月圆之夜，所以称正月十五为"元宵节"，又称"上元节"。

　　元宵节燃灯的习俗起源于道教的"三元说"。正月十五日为上元节，七月

清代乾隆帝元宵行乐的场景

十五日为中元节，十月十五日为下元节。主管上、中、下"三元"的分别为"天""地""人"这"三官"，天官喜乐，故上元节要燃灯。元宵节燃灯放火，汉朝时已有此风俗。唐朝时，对元宵节倍加重视，元宵节燃灯已成为一种习俗。宋元时期，京都灯市常常绵延数十里。

经过历朝历代的传承，元宵节的灯式越来越多，灯的名目也越来越多，有镜灯、凤灯、琉璃灯、宫灯、兽头灯、走马灯、花卉灯、鸟禽灯，等等。正月十五晚上，街头巷尾，红灯高挂，吸引着观灯的群众。

元宵节除了燃灯，还吃元宵和燃放烟花爆竹助兴。

"猜灯谜"又叫"打灯谜"，也是元宵节的一项活动，最早出现在宋朝。南宋时，首都临安每逢元宵节时制谜、猜谜的人众多。开始时是有人把谜语写在纸条上，贴在彩灯上供人猜，猜对了还有奖励，后来深受社会各阶层的欢迎，并逐渐成为传统。

随着时间的推移，元宵节的活动越来越多，现在，不少地方在元宵节时增加了耍龙灯、耍狮子、踩高跷、划旱船、扭秧歌等活动。

不痴不聋，不做家翁

"不痴不聋，不做家翁"出自《资治通鉴》第二百二十四卷："鄙谚有之：'不痴不聋，不为家翁'。"

"家翁"，顾名思义就是指家里的老人，是一家之主。"不痴不聋，不做家翁"的意思是，对于家里晚辈的有些过错，长辈要懂得装痴假聋，难得糊涂。

有这样一则故事。唐代中期爆发了"安史之乱"，唐玄宗李隆基被迫逃难。当时，郭子仪带领将士多次打败乱军，才使唐王朝转危为安。后来，唐代宗李豫为了酬劳郭子仪，除了给他高官厚禄，还把自己的女儿升平公主嫁给郭子仪的儿子郭暧为妻。有一天小两口吵架，升平公主摆起了公主的架子。郭暧气愤地说："你是公主又有什么了不起！你们家的江山还不是全靠我父亲出力才保住的吗？我父亲还不稀罕做皇帝呢，不然早就做了！"升平公主气得立刻跑回皇宫向唐代宗哭诉。郭子仪知道后，非常害怕，于是把郭暧捆绑起来，去向唐代宗请罪。唐代宗不以为然地笑道："俗谚说：'不痴不聋，不做家翁。'儿子、儿媳妇吵嘴说的话，大人何必计较呢？"一场大风波就这样平息了。后来，有人根据这个故事编写了戏剧《打金枝》，京剧、豫剧等各个剧种都有这出戏剧。

年轻人所处的时代，与"家翁"们年轻时所处时代大不相同，价值取向、生活方式也有很大差异。对儿女们的见解、主意、决策，作为一家之主的老人，应适当给予理解。对于一家之主来说，"不痴不聋，不做家翁"不失为一条适宜的礼仪规范。

民国王一亭（1867—1938）绘《郭子仪拜寿图》

第三章 迎宾待客——相见即迎，恭敬至诚

日常生活中讲究礼尚往来，尤其是逢年过节，少不了亲戚朋友之间的会见和拜访，这就涉及迎来送往的礼仪。

《增广贤文》中有句话："在家不会迎宾客，出路方知少主人"，意思是说，我们在家没有热情接待客人，到了客人家里，对方也不会热情接待我们。这句话告诉我们，有客来访，作为主人，要掌握迎宾礼仪、待客礼仪，让客人有宾至如归之感；作为客人，去拜访别人，也要懂得进退之道。

有朋自远方来，不亦乐乎

"有朋自远方来，不亦乐乎"出自《论语》，这句话常用来对远道而来的朋友表示欢迎。

中华民族是个好客的民族，好客不仅指做到礼貌待客，还指要做到使客人有宾至如归之感。因此，古人十分重视宾客之礼。就迎宾之礼来说，如果主人与客人的地位尊卑相同的话，那么他要到大门外去迎接客人；如果主人身份尊于客人，那么他可以在门内迎接。进门的时候也有礼节，宾客要让主人先进门。

去别人家做客，也有礼仪要求，《礼记》中说："入境而问禁，入国而问俗，入门而问讳"，意思是进入别人家，应了解主人家的习惯和避讳，包括按主人安排的地方就座，在主人家不能不顾时辰地久坐，要把握好做客的时长。客人若有礼，主人才会与他再交往，乐意再邀请。

以上介绍只是简单的列举，古代迎宾待客礼仪很多，具体包括：

（1）酒席礼仪

《周礼》记载："设筵之法，先设者皆言筵，后加者曰席。"古代没有桌子，进食的时候，大家都席地坐在筵席之上，酒食菜肴自然置于筵席之间，后来，"筵席"二字就有了酒馔的含义。

客人到齐后导客入席，以左为上，视为首席，相对首座而坐的为二座，首座之下为三座，二座之下为四座。客人坐定，由主人敬酒让菜，客人以礼相谢。

菜肴的摆放位置要按规定进行，要遵循一些固定的礼仪规范，例如，带骨头的肉要放在左边，切好的大块肉要放在右边，细切的烤肉放得远一点；饭放在左边，羹汤放在右边；烧烤类等肉食放在稍外处，调味品则放在靠近面前的位置；酒浆要放在近旁；等等。这些规定都是从用餐实际出发的，主要是为了取食方便，并不仅仅是虚礼。

其次，仆从端菜的姿势，重点菜肴的摆放方法，也都有礼仪规范。比如仆从端菜上席时，不能面向客人和菜肴大口喘气，如果此时客人正巧有问话，必须将脸侧向一边，避免呼气和唾沫溅到盘中或客人脸上。上鱼时，一定要使鱼尾指向客人，因为鲜鱼肉的尾部易与骨刺剥离；上干鱼则正好相反，要将鱼头对着客人，因为干鱼的头端更易于剥离。这些宴席的细节，也体现了主人对客人的尊重。

饮酒也有礼仪规范。主人要作引导，要陪伴，在陪伴长者饮酒时，要起立，离开座席，面向长者敬酒。长者表示不用这样，主人才可以返回入座饮酒。如果长者举杯一饮未尽，年轻者不得先干。喝酒时，主人要先向宾客进酒，叫作"献"；客人要回敬主人酒，叫作"酢"；主人要先自饮，然后劝客人饮，叫作"酬"。在饮礼的第一"献"之后，主人要送礼物给客人，以劝酒，谓之"酬币"，是饮酒礼。

在古代，宴席间除了要相互敬酒，有的还设置"雅歌投壶"（"投壶"是一种酒席间的游戏）。除了投壶，古人还有其他种种助兴取乐的游戏，如行酒

《明宣宗行乐图》中的投壶场景

令等。

在宴席间，幼者面对长者，在吃饭时，要小口小口地吃，而且要快些咽下去，以随时准备回复长者的问话。水果之类，则必须让尊者先食，年少者不可抢先。

宴饮结束，主人要引导客人入客厅小坐，上茶，直到辞别。送客的时候，主人送于门外，要拜两次，客人不需要答拜，离开就可以了。

古代酒席礼仪相关规定有很多，主要体现了封建时代的尊卑观念。尊卑之礼是历代食礼的一个重要内容，子女对父母，下属对上司，少小对尊长，要表现出尊重和恭敬。古代的许多家庭，还把食礼作为家训内容，教导后代谨守。

（2）进食之礼

古代招待宾客，在吃饭的时候，也有一系列的礼仪礼节。《礼记·曲记》记载："共食不饱，共饭不泽手，毋放饭，……卒食，客自前跪，彻饭齐，以

明代陈洪绶（1599—1652）所绘古人席地饮酒的场景

授相者，主人兴辞于客，然后客坐。"大意是：大家共同吃饭时，不可以只顾自己吃饭；如果和别人一起吃饭，必须检查手的清洁；不能把多余的饭放回锅里……吃完饭，客人应该起身向前收拾桌上的盘碟，交给主人，主人跟着起身，请客人不要劳动，然后客人再坐下，等等。

除了以上进食礼仪，其他礼仪还包括：

"食至起，上客起"：宴饮开始，食品端上来时，客人要起立；在有贵客到来时，其他客人要起立，以示恭敬。

"客若降等，执食兴辞。主人兴辞于客，然后客坐"：如果来宾地位低于主人，必须双手端起食物面向主人道谢。等主人寒暄完毕之后，客人方可入席落座。

"共食不饱"：同别人一起进食，不能吃得过饱，要注意谦让。

"毋抟饭"：吃饭时不可抟饭成大团，大口大口地吃。

"毋啮骨"：不要专意去啃骨头，否则容易给人不雅不敬的印象。

明代文徵明（1470—1559）画作展现的以茶待客的场景

"毋反鱼肉"：自己吃过的鱼肉，不要再放回去，应当接着吃完。

"毋投与狗骨"：客人不能把啃过的骨头扔给狗去啃，因为这样有贬低主人食物的意思。

"毋扬饭"：不要为了能吃得快些，就用食具扬起饭粒以散去热气。

"毋絮羹"：客人不能自己动手重新调和羹味，否则会显得对主人不够尊重。

"毋刺齿"：进食时不能随意剔牙齿，一定要等到饭后再剔。

"毋歠醢"：不能直接端起调味酱便喝。醢比较咸，用于调味，不能直接饮用。

"毋嘬炙"：大块的烤肉和烤肉串，不要一口吃下去。大口咀嚼，狼吞虎咽，仪态不佳。

"当食不叹"：吃饭时不要唉声叹气。

…………

古代的吃饭礼仪还有很多，后来有人把这些礼仪规范写进家训中，代代相传。如今人们迎宾待客、请客吃饭时，多多少少也继承了一些古代食礼的传统。例如：应等长者坐定后，方可入座；用餐后，须等男、女主人离席后，其他宾客方可离席；中途离开酒席现场，一定要向主人说明情况并致歉；口内有食物，应避免说话；好的吃相是食物就口，不可口就食物；避免在餐桌上咳嗽、打喷嚏；餐桌上不宜谈悲戚之事，以免破坏欢愉的气氛；等等。

以上这些礼仪规范同我们的传统餐饮文化一起，影响着一代又一代的中国人。

尊者在堂，卑者在庭

"尊者在堂，卑者在庭"出自《左传·宣公二年》，意思是在宾客中受尊重的，应该上堂；宾客的随从则必须站在庭院中。

这是古代的待客礼仪之一，为什么尊者能"在堂"，"卑者"要在庭院中站立呢？这要从古代的建筑格局说起。

清代袁江（1662—1735）绘《阿房宫》（局部）

在先秦时期，住宅可以统称为"宫"或"室"，"宫"为总名，指整所住房，也包括环绕着住房的围墙。而"室"只是其中的一个居住单位，即指住室。据文献记载，西周及春秋战国时期的宫室等建筑，一般面朝南，住宅之前是门，门外有屏，又叫萧墙，即现在的照壁。在周代，大门一般是三开间，中间是明间，为门，左右各一间为塾。过去称儿童读书的地方为"私塾"，就因为最早是在塾中教学。

门内为"庭"，即院子。君王的"庭"是群臣朝见君主的地方，所以又叫"朝"，后来就称皇帝办公的地方为"朝廷"。在古代，庭都较大，其中要植树。

宫室建筑的主体由堂、室及房组成，均建于高台上。最前面的是"堂"，"堂"东西两面墙叫"序"。"堂"靠"庭"的一边有两根柱子，称东楹和西楹，后来所说的"楹联"，就是因为把对联贴在楹柱上而得名。"堂"是平时活动、行礼、待客的地方。"堂"前有两座阶梯，称"东阶"和"西阶"。古人在室外尊左，因此西阶供宾客行走，东阶为主人行走之用。

"室"在"堂"后，有"户"相通。要入室必须先到"堂"，要到"堂"必须历阶而上，所以古人常有"登堂入室"的说法。

室和堂之间有窗，叫"牖"。室的北面墙上还有一个窗子，叫"向"。室的两旁若再盖房子，就叫房（近似后代的耳房）。室内如有礼节性的活动，其座次也有明显的尊卑之分。室内座次以西边为最尊，其次为坐北朝南，再次为坐南朝北，东边的位置最卑。

"闱"在大门之内，"堂"之前，为第二重门，其门较小。"闱"内为主人起居之处，由此后来称内宅为"闱"，"闱"又称为"寝门"，后来用以专指女子住处，如"闱阁"，小女子则曰"闱女"。

了解了古代门、庭、堂、室、闱的位置，我们就可以明白"尊者在堂，卑者在庭"的意思了，用现代的话来说，尊贵的客人要请进屋内，客人的仆从站在院子里即可。可以登堂的宾客，以坐北朝南为尊。

趣味链接：

影壁的作用

影壁的作用是遮挡外人的视线，即使大门敞开，外人也看不到宅内。影壁还可以烘托气氛，增加住宅的气势。

目前考古发现最早的影壁建筑，出现在距今3000年前的西周时期。在古代，影壁的建造还有等级限制，《礼记·郊特牲》中记载："天子外屏，诸侯内屏，大夫以帘，士以帷"，意思是天子可以在门外建造影壁，诸侯可以在门内建造影壁，大夫可以用帘遮挡，而士则只能用布帷来遮挡。身份、等级不同，影壁所建的位置、使用的材料也不同。

影壁由三部分组

北京九龙影壁上龙的雕塑

成，分别为壁座、壁身和壁顶。

宫廷和寺庙的壁座多为须弥座，须弥座受佛教文化影响，由佛座演变形成，造型复杂多样，包括莲瓣、卷草等花饰；普通人家影壁的壁座多为台基座，造型较为单一。

壁身又称壁心，多用砖石雕刻，有些则使用琉璃。

壁顶包括了瓦、脊、吻兽等部件。

来客不筛茶，不是好人家

俗话说"来客不筛茶，不是好人家"，客来敬茶是迎宾待客礼仪中的一种日常礼节。在过去，有些地方还讲究以茶待客不过三杯：一杯曰敬茶，二杯曰续茶，三杯曰送客茶。要是一而再、再而三地劝人饮茶，就等于提醒来宾"该走了"。

古人围坐品茶的场景

上面说的是对一般朋友的接待流程，如果是很亲密的关系，不仅会献茶，还会备酒，接待之间不用特别讲究。

日常接待，奉茶待客有很多要注意的礼仪和事项。

喝茶的用具需要主人提前以沸水清洗干净，泡茶之前必须深度清洁双手，用专门的茶夹夹取适当的茶叶放入专门的泡茶

1093 年，辽代张匡正墓壁上的壁画展现的仆人备菜的场景

容器中。茶泡好后，静待一段时间，再将茶杯双手捧起放至客人右手方向，方便客人端起茶杯喝茶。

为客人上茶时，不可以注满，以七分为宜，寓意"七分茶三分情"。用茶待客，讲究的不是解渴，而是与客人交谈过程中品茗的氛围。"七分茶三分情"既表现出对客人的尊重，也方便交谈过程中随喝随添。若是一次把茶倒满，滚烫的茶水难免会溢出来，若是洒在客人的身上或衣服上，客人就会很狼狈，也失了喝茶的情趣。

按照饮茶的规矩，只有在赶客人走的时候，才会故意把茶倒得很满，甚至溢出来。茶是热的，如果倒满了，不仅烫手，也难以拿取，这样等于是在对客人下"逐客令"，所以民间有句俗话叫"茶满欺人"。

如果直接用茶杯泡茶也不可以超过八分，而且要等漂浮在茶杯面上的茶叶沉落之后，再端上茶桌。

续茶时，主人如果发现客人的茶杯中有剩余残渣，应当先将茶杯清洗干净再续杯。

在过去，有人远行分离时，人们以敬茶（酒）的方式辞别，这时，壶嘴对着走的人，寓意这个人要离开了。所以倒茶后，放置茶壶，不要让壶嘴对着客人。

在宾主喝茶时，中间有新客到来，主人要表示欢迎，立即换茶，换茶叶之后，要让新客先饮。

作为客人，主人奉茶后，客人不要大口吞咽茶水，或是发出"咕咚、咕咚"的声音，这样不仅不礼貌，还不得体。客人喝茶时不能皱眉，主人发现客人皱眉，就会认为客人嫌弃自己的茶，认为自己的茶不好，不合口味。

除了以上敬茶品茶的礼仪，我国不同地域和民族也有不同的待客茶礼，比如白族"一苦二甜三回味"的三道茶，藏族香甜可口的酥油茶，蒙古族奶香四溢的咸奶茶，等等。尽管不同地区的茶礼仪形态万千，但其文化本质是不变的，那就是以茶表礼敬，以茶诉真情。

茶的礼仪也是社会礼仪的一部分，无论是主人还是客人，都应该知道一些饮茶礼仪，才能营造出更好的宾主尽欢的品饮氛围。

趣味连接：

古代的茶名

古代，茶的名称很多。最早辑录先秦时期大量语词的词典《尔雅》，在《释木》一篇中指出："槚，苦荼。"唐代以前的茶文字记载中，仅有"荼"字，没有"茶"字。那时的"荼"，便是茶。在先秦时期，"荼"还有其他多种含义，有时候指的是一种苦菜，有时候指的是茅草的白花，有时候还指陆地上的杂草，而不单是指茶。到了唐代，饮茶之风日盛，人们对茶的认识也有提高，认识到茶树是木本植物，就把最下面似"禾"的偏旁改为"木"，从"荼"字的似"禾"的偏旁去掉一画（撇）而衍出"茶"字，茶字成为专用名词，没有其他异义。

在唐代以前，茶有许多叫法，这里简单地介绍一下。

檟：《尔雅·释木》称："檟，苦茶"。

茗：《神农食经》曰："茶茗久服，令人有力，悦志。"东汉许慎的《说文解字》曰："茗，茶芽也。"

荈诧：西汉文学家司马相如的《凡将篇》中，谈及二十种药物，称茶为"荈诧"，是将茶列为药物的最早文字记载。三国时期魏国的《杂字》曰："荈，茗之别名也。"

葭萌：西汉辞赋家、思想家扬雄所写《輶轩使者绝代语释别国方言》记载："蜀人谓茶曰葭萌。"

瓜芦：东汉时期《桐君录》中称："南方有瓜芦木，亦似茗，至苦涩，取为屑茶饮，亦通夜不眠。"

蔎：唐代陆羽《茶经》注解："扬执戟云：蜀西南人谓茶曰蔎。"

水厄：唐代温庭筠的《采茶录》云："（晋时）王濛好茶，人至辄饮之，土大夫甚以为苦，每欲候，濛必云：今日有水厄。"表明在两晋南北朝时，"水厄"就是茶的代名字。

茶，除了历史上记载的称谓，还有许多"外号"，即别称，例如：

不夜侯：晋代张华的《博物志》称："饮真茶，令人少眠，故茶美称'不夜侯'，美其功也。"胡峤的《飞龙涧饮茶》诗云："破睡须封不夜侯"，也称茶为"不夜侯"。

明代画家沈贞的《竹炉山房图》，展示了文人与僧人林中饮茶的情形

清友：宋代苏易简在《文房四谱》中说："叶嘉，字清友，号玉川先生。清友谓茶也。"

酪奴：陆羽《茶经》引《后魏录》："琅琊王肃仕南朝，好茗饮、纯羹。及还北地，又好羊肉、酪浆，人或问之：'茗何如酪？'肃曰：'茗不堪与酪为奴'。"

此外，茶还有"涤烦子""瑞草魁"等别称。

共饭不泽手

"共食不饱，共饭不泽手"出自《礼记·曲礼》，唐初经学家孔颖达解释这句话说："古之礼，饭不用箸，但用手，既与人共饭，手宜絜净，不得临食始挼莏手乃食，恐为人秽也。"大概意思是说，上古时代，吃饭时不用筷子，而用手抓。饭盛在一个大的食器中，大家轮流抓食，所以手要干净，不能将沾在手上的米粒再放回食器中，也不能用出汗的手到食器中取用食品，以免影响别人食用。

在古代，筷子还没有出现之前，古人主要是用手抓饭，所以就必须养成饭前洗手的习惯。《管子·弟子职》说："先生将食，弟子馔馈，摄衽盥漱，跪坐而馈"，意思是，先生要吃饭了，弟子要准备好食物，然后洗手漱口，跪坐着吃。

商周时期，根据尊卑不同，饭前洗手的方式可以分为两种：

如果是尊者，是有人侍奉盥洗的。尊者洗手，盛水的叫作"匜"，下边接水的叫作"盘"，侍者端着匜供尊者淋洗。《周礼·春官·郁人》中记

明代的铜匜

载："凡裸事沃盥"，晚清经学大师孙诒让解释说："沃盥者，谓行礼时必澡手，使人奉匜盛水以浇沃之，而下以盘承其弃水也。"

若是地位较低者，则需要自己盥洗，称作"庭洗"：主人家在堂下东阶前东南设洗，旁边有罍，有舀水用的枓。洗手时，自己用枓从罍中取水，然后浇于手上，弃水流入洗中。

周代时就有男女之别，妇人无事不能下堂，因为庭中是男性宾客盥洗之处，女眷不能"庭洗"，而是将盥洗用具设在东房，称为"内洗"或"北洗"。

古人非常注重沃盥之礼，一旦失礼，有可能会造成意想不到的严重后果。《左传·僖公二十三年》中就记载了一个与此相关的故事："晋公子过秦，秦伯纳女五人，怀嬴与焉。奉匜沃盥，既而挥之。怒，曰：'秦晋，匹也，何以卑我？'公子惧，降服而囚。"这段话的大概意思是，秦穆公把五个女子送给流亡的重耳做姬妾，其中就有秦穆公自己的女儿怀嬴。有一天，怀嬴捧着盛水的"匜"让重耳洗手，重耳洗完以湿手挥她，这可能是随意之举，但怀嬴却认为是鄙视自己，认为秦国和晋国是平等的，重耳不应该这样看不起她。重耳当时正有求于秦国助他回晋国夺取政权，害怕得罪怀嬴，只好脱去衣服并把自己

南宋李唐（1066—1150）所绘《晋文公复国图》（局部）

关起来，表示谢罪。

在古代，沃盥是一种礼仪，重耳随意以湿手挥人是失礼行为。

《仪礼·乡射礼》中说："主人坐取爵，兴，适洗南面。坐奠爵于篚下盥洗。"在古代，不仅是饭前有沃盥之礼，饮酒前也有沃盥之礼，在宴席之上，主人向宾客敬酒前要先行"沃盥"，即洗手并洗爵（酒器），这是敬酒礼仪中的一个重要程序，必须当面进行。

趣味链接：
春秋五霸之一——晋文公

晋文公，名重耳，是春秋时期晋国的第二十二任君主，公元前636年至公元前628年在位。晋文公是春秋五霸中第二位霸主，与齐桓公并称"齐桓晋文"。

因为骊姬之乱，晋文公重耳被迫流亡在外十九年，在秦穆公的支持下回晋，杀晋怀公而立，在位期间任用狐偃、先轸、赵衰、贾佗等人，实行通商宽农、明贤良、赏功劳等政策，使晋国国力大增。对外联合秦国和齐国，平定周室子带之乱，受到周天子赏赐。公元前632年，在城濮之战以少胜多，大败楚军，并召集齐、宋等国于践土会盟，成为春秋五霸中第二位霸主，开创了晋国长达百年的霸业。

羹之有菜者用梜

"羹之有菜者用梜，其无菜者不用梜"，出自先秦典籍《礼记》。传说筷子的发明者有大禹、姜子牙，等等，具体是谁发明的，已不可知。

中国人是什么时候开始使用筷子的呢？从考古来看，在公元前5000年的新石器时代，就已经出现了原始的筷子，筷子在中国的历史已经长达7000年以上。不过筷子不是最早出现的食具，在筷子出现之前，主要是用"匕"吃饭。

唐代宴饮图中，桌上摆放着筷子

《说文解字》解释"匕"："用以取饭"。《诗经·小雅·大东》里有"有饛簋飧，有捄棘匕"的句子，意思是圆簋里盛满熟食，上面插着棘枝做的匕。《仪礼·特牲·馈食礼》中有"加匕于鼎"的记载，意思是鼎中的食物煮好之后，配上匕，供人享用。

《礼记·曲礼上》中说："羹之有菜者用梜，其无菜者不用梜。"羹不是现在所说的汤，而是指用肉或菜做成的带汁的食物，用筷子取食显然更合适。当时，筷子被称为"梜"，还有一个名字叫"箸"。东汉末年儒家学者、经学大师郑玄注释说："梜，犹箸也"。

汉代，人们已经普遍使用筷子。二十世纪七十年代，长沙马王堆汉墓发掘了长沙国宰相利苍的墓室，在利苍夫人辛追的墓中发现了一只漆碗，上面放着一双竹筷。除了辛追墓，在四川新都、山东嘉祥的汉代画像石中，也有使用筷子进食的场景。

"筷子"之名的出现是在明代。明代《菽园杂记》记载："民间俗讳，各处

有之，而吴中为甚。如舟行讳'住'，讳'翻'，以'箸'为'快儿'。""箸"变为今天的"筷"，可能与沿江或沿海的船民有关，因为"箸"与"住"同音，对船民而言便有不吉利的意思，为了趋吉避凶，他们反其意称"箸"为"快儿"。又因为大多数"快儿"是用竹子所制，于是在"快"字上加了竹字头，成为"筷子"。从此"筷子"便在民间叫开了。久而久之，当时的士大夫阶层也开始使用这个名称。

在历史上，除了比较常见的竹筷、木筷，还有一些不同材质的筷子。河南安阳殷墟曾出土六支青铜箸头，可以接柄使用；商朝晚期和周朝的遗址中则出土过象牙和青铜制成的"箸"。南北朝时，有帝王把金丝镶嵌红木箸赏赐给百官。到了实力雄厚的唐代，筷子的类型更加花样百出，有金筷子、玉筷子等。

经过长期的演进，筷子已经不单纯是食具，在一定程度上具有了"礼器"的功能，一是祭祀的时候，要摆上杯盘碗筷，放几双筷子、放在什么位置都有讲究；二是丧仪的时候，筷子被竖直插放在碗里；三是结婚的时候，由于筷子成双使用，有"成双成对"的美好寓意，在很多地方，被用作婚礼上的信物和道具。

筷子的使用要收放有度。宋代朱熹的《童蒙须知》中规定，"凡饮食，举匙必置箸，举箸必置匙，食已，则置匙箸于案"。

此外，民间还有更多关于筷子的使用礼仪，这里简单列举一些。

（1）不能敲筷子

过去，只有要饭的人才用筷子击打饭盆，其发出的声响配上要饭的人嘴里的哀告，引起行人注意并获得施舍。民间认为，拿筷子敲盘碗会变成乞丐，虽然有迷信成分，却也说明在吃饭的时候拿筷子敲碗碟很不礼貌，也很不尊重他人。

（2）不能翻菜

夹菜的时候用筷子在菜里翻来找去，是很不礼貌的行为。俗话说"夹菜不过盘中线"，多人围坐餐桌吃饭时，应当只夹靠近自己的菜盘里的菜，不能越过摆满桌面、众多菜盘的中线，更不能站起来从远处的菜盘里夹菜。

（3）不能"抢筷"

夹菜的时候，两个人的筷子碰到了一起叫"抢筷"，会给人没有修养的印象；夹菜的时候不能着急，动作不能太快，遇到别人在夹菜要等待；同一道菜不要连续夹三次以上，更不要夹不起来就用筷子当叉子扎着夹。

（4）不能拿筷子指人

拿筷子指人是非常不礼貌、不尊重人的做法，一般伸出食指指对方就带有指责的意思，所以吃饭用筷子时用手指人，无异于指责别人，所以，吃饭时不能用筷子指人。

（5）品箸留声

在吃饭时用嘴嘬筷子本身就是一种无礼的行为，再加上配以声音，更会令人生厌。

（6）忌叉筷、插筷

筷子不能一横一竖交叉摆放，因为古代吃官司画供时才打叉。不能一根是大头，一根是小头。筷子要摆放在碗的旁边，不能搁在碗上。在用餐中途因故需暂时离开时，要把筷子轻轻搁在桌子上或餐碟边，不能插在饭碗里。

（7）人不陪君筷陪君

宴席中暂时停餐，可以把筷子纵向放在碟子或者调羹上。如果将筷子横搁在碟子上，表示酒足饭饱不再进膳了，但不收拾碗碟，表示"人不陪君筷陪君"。这种横筷的礼仪，我国古代就有。横筷礼一般用于平辈或比较熟悉的朋友之间。小辈为了表示对长辈的尊敬，必须等长者先横筷后才可以跟着这么做。

（8）不能颠倒使用

不能将筷子颠倒了使用，否则有饥不择食的意思，会被人看不起。

清代铜鎏金筷子

趣味链接：

筷子趣闻

诺贝尔物理学奖得主李政道曾这样给筷子定位："中国人早在春秋战国时期就发明了筷子。如此简单的两根东西，却高妙绝伦地应用了物理学上的杠杆原理。筷子是人类手指的延伸，手指能做的事，它都能做，且不怕高热，不怕寒冻，真是高明极了。"

一位日本学者说："中国人使用筷子，在人类文明史上是一项值得骄傲和推崇的科学发明。"据日本学者研究，人在用筷子夹食物时，有80多个关节和50块肌肉在运动，并且与脑神经有关。因此，用筷子吃饭使人手巧，还可以同时训练大脑，使之灵活。

筷子可以作为礼物送人：送筷子给结婚的新人，寓意成双成对，合二为一，快生贵子；送筷子给搬新家的人，寓意快快发家，乔迁快乐；送筷子给合作伙伴，寓意合作而不会争功，表达精诚合作的意思；送筷子给好朋友，寓意同甘共苦，和睦相处，贴心地关怀对方的生活；送筷子给小孩，寓意"快长快长"；送筷子给老人，寓意长长久久、快乐安康、福寿无疆。

有很多谜底是筷子的谜语，比如"姐妹一样长，进出总成双，酸甜苦辣味，总是它先尝"；"两个小朋友，长得一样高，吃饭就上桌，吃完同洗澡"；"弟兄两个一样高，一天到晚饭厅跑，样样小菜都尝遍，就是没有长过膘"。

无酒不成宴席

中国人交际中最直接的一种方式，就是请客吃饭，名为吃饭，其实多是喝酒。俗话说"无酒不成宴席"，没有美酒的宴席就不是真正的宴席。

酒的发明可以追溯到夏商时期甚至更早，因为从人类有祭祀活动起，就离不开酒的存在。远古时期，农业的兴起，使得人们不仅有了赖以生存的粮食，还可以随时用谷物做酿酒原料酿酒。西安半坡遗址出土的距今七千年左右的陶器中，就有像甲骨文和金文中的"酉"字形状的罐子。从各个时期考古发掘的古代器物来说，有一类食用器就是酒器，而且类型、名称各异，不同类型的酒器，使用者的身份也不尽相同。

据《仪礼》记载，周代，敬酒就有了一整套礼节程序，并有专用名词来表示。古人饮酒前，有四个步骤：拜、祭、啐、卒爵。先做出"拜"表示敬意；接着，倒一点酒在地上，以祭谢大地生养之德；然后尝尝酒味，称赞美酒，令主人高兴；最后仰杯而尽。"卒爵"，也就是"干杯"。在宾主之间，饮酒也是有节有度。主人先饮酒并以此向宾客劝酒叫作"献"。主人先饮，包含了向客人暗示"酒里无毒"，可以放心饮用之意。主人饮过之后，客人亦须饮酒以回敬主人，是为"酢"。众宾以酒交错相酬，叫作"旅酬"。

《仪礼》中还规定，敬酒的酒器也要有区别，"献"酒与"酢"酒用爵，"酬"酒用觯。为区分尊卑、男女，还规定："凡饮酒，君臣不相袭爵，男女不相袭爵"，即君臣、男女的酒器不可混用。

周代酒礼中有一种叫作"乡饮酒礼"，是政府倡导敬老尊贤、长幼有序、谦让不争的道德教化举措。据《仪礼》等文献记载，"乡饮酒礼"正式的宴饮过程分为迎宾、献宾、乐宾、旅酬、无算爵、无算乐等环节。

迎宾、献宾、乐宾、旅酬结束后，宾主双方进入开怀畅饮的"无算爵"环节。只要不酒后失仪，饮酒可以不限量，所以叫"无算爵"；其间，乐工一直演奏、歌唱诗乐，所以叫"无算乐"。可以说，"乡饮酒礼"的整个宴饮过程，更像是一场规模宏大的礼乐艺术演出。

古代的饮酒礼仪，还提倡"温克"，意思是虽然多饮，也要能自

古代制作工艺精美的铜酒壶

持，要保证不失言、不失态。具体就是"三爵不识"，《礼记·玉藻》提及三爵之礼说："君子之饮酒也，受一爵而色洒如也，二爵而言言斯，礼已三爵而油油以退。"就是说，正人君子饮酒，三爵而止，饮过三爵，就该自觉放下杯子，退出酒筵。

时至今日，在宴席上，饮酒的礼仪也十分重要，因为它体现了自己的礼貌和素养。掌握了饮酒礼仪，可以热情待客，更能增进朋友间的关系，促使朋友之间情深谊长。

趣味链接：

经典咏酒诗词

《饮酒诗》——晋代陶渊明
故人赏我趣，挈酒相与至。班荆坐松下，数斟已复醉。
父老杂乱言，觞酌失行次。不觉知有我，安知物为贵。
悠悠迷所留，酒中有深味。

《对酒》——南北朝张率
对酒诚可乐，此酒复芳醇。如华良可贵，似乳更堪珍。
何当留上客，为寄掌中人。金樽清复满，玉碗盈来亲。
谁能共迟暮，对酒惜芳辰。君歌尚未罢，却坐避梁尘。

《月下独酌》——唐代李白
天若不爱酒，酒星不在天。地若不爱酒，地应无酒泉。
天地既爱酒，爱酒不愧天。已闻清比圣，复道浊如贤。
贤圣既已饮，何必求神仙。三杯道大道，一斗合自然。
但得酒中趣，毋为醒者传。

《与梦得沽酒闲饮且约后期》——唐代白居易

少时犹不忧生计，老后谁能惜酒钱。

共把十千沽一斗，相看七十欠三年。

闲征雅令穷经史，醉听清吟胜管弦。

更待黄菊家酿热，共君一醉一陶然。

《酒德》——唐代孟郊

酒是古明镜，辗开小人心。
醉见异举止，醉闻异声音。
酒功如此多，酒屈亦以深。
罪人免罪酒，如此可为箴。

《对酒曲》——唐代贾至

春来酒味浓，举酒对春丛。
一酌千忧散，三杯万世空。
放歌乘美景，醉舞向东风。
寄语樽前客，生涯任转蓬。

《后饮酒》——宋代元好问

饮人不饮酒，正自可饮泉。饮酒不饮人，屠沽从击鲜。
酒如以人废，英禄何负焉。我爱靖节翁，于酒得其天。
庞通何物人？亦复为陶然。兼忘物与我，更觉此翁贤。

明代《太白醉酒图》

无鱼不成宴

民间有句俗语"无鱼不成宴"，尤其是逢年过节的时候，更是讲究宴席上必须要有鱼。

在南方一些地区，年夜饭或其他节日与盛宴时，都必须上一条全鱼，这条全鱼还不能全吃掉，以表达年年有鱼（余）的寄托。有的地方，年夜饭时吃鱼，要留头留尾到明年（即年初），表达新年"有头有尾"的祈愿。

年年有鱼（余）的风俗古已有之，古代渔民常年在船中就餐，吃鱼时，鱼头要朝向船老大，鱼尾朝向船老二。吃完鱼的一面，不能翻鱼，因为渔民最忌"翻"字。渔民吃鱼时，还不能把鱼刺折断，也不能把鱼吃得太干净了，讲究吃鱼留有余地，不有余则易犯忌。

按照古代的宴席规矩，摆鱼也非常有讲究：鱼头要对着贵宾或长辈，体现尊敬；来客是文人，将鱼肚对着他，赞他肚里有墨水，满腹文章；来客是武将，讲鱼脊对着他，夸他刚武豪放，国之脊梁。

吃鱼也有讲究。在餐桌上，主人不动鱼，其他人是不能先动的。一般来说，主人第一筷子会将鱼鳃上的肉夹给最尊贵的客人，因为鱼鳃上那一点肉是最好吃的。在宴席上，有地位的人是不会去吃鱼尾巴上的肉的，鱼尾巴是留给跟班的人，例如师爷、车夫、仆从等，或者在餐桌上地位较低的人食用的。

在现代宴席中，也讲究鱼的摆放，鱼头对着谁、鱼尾对着谁，摆下后不可再移动。在高规格的宴席

明代刘节绘《藻鱼图》

上，鱼头是不能吃的，即便是最尊贵的客人也不会去吃鱼头，把鱼头剩下代表着年年有余。上面的鱼吃完了，下面的还没吃，也不能去翻鱼，而是用筷子把下面的鱼肉抠出来吃。

上鱼这道菜时，一般意味着宴会到了高潮，宾客之间往往会借鱼助兴，多劝喝酒。鱼头冲客人，客人要喝鱼头酒，尾巴方向的人要喝鱼尾酒，一般是"头三尾四"。在北方的宴席中，有"头三尾四腹五背六"的礼俗讲究，就是鱼头对着谁，谁就是贵客，先喝三杯酒；鱼尾对着谁，谁就喝四杯酒；鱼肚子对着谁，谁就喝五杯酒；鱼背对着谁，谁就喝六杯酒。这叫"腹五背六"，或"脊五肚六"。

喝鱼头酒的客人，先动筷子将鱼眼挖出放在左右两侧主陪的盘中，意为"高看一眼"，对方要喝三杯酒。如果有人把鱼背鳍夹给你，一般要喝三杯，表示"一帆风顺"；获得鱼尾的便是被"委以重任"，应喝两杯。

以上种种劝酒说辞，都和鱼有关，不仅体现出中国的劝酒文化，更是体现了鱼在宴席中的地位。

趣味链接：
古人如何捕鱼

现代捕鱼有先进的捕鱼设备，在古代，渔网没有发明之前，想要捉到一条鱼很不容易。《淮南子·说山训》中记载："上求材，臣残木；上求鱼，臣干谷。"意思是，臣子们为了讨好君王，可以付出一切代价。君王想要盖宫殿、大修土木，那么臣子就会把整个森林都砍掉去得到木头。如果君王喜欢吃鱼，臣子们就会将整个河谷的水都抽干，把鱼捞上来给君王吃。

把水抽干去捉鱼，就是"竭泽而渔"，在现代看来，是破坏生态平衡的一种行为，但是在古代，却是一种捕鱼方法。后来，古人意识到"竭泽而渔"所带来的危害，就选择了用棍棒捕鱼的方法。

秦汉时期，发明了用弓箭捕鱼，或者用鱼镖叉鱼，再后来，古人又发明

清代画家彭旸画作中撒网抓鱼的场景

了鱼饵钓鱼，用鱼篓捕鱼，人们吃鱼的机会渐渐多了起来。

出门饺子回家面

"出门饺子回家面"是北方的一种接待礼仪。意思是说，家人、朋友从远

方来到家中，要吃面条，这个说法
叫"长接"。亲朋好友要出远门了，
送行的饭要吃饺子，称为"短送"。

面条花色、品种繁多，在民俗
中，它象征着"长"和"常"。如
在婚礼、生育、寿宴等仪式中采用，
寓示子孙绵长，富贵长寿；在待客
仪式中，寓示着常来常往、亲情永
远；在迎归仪式中，称为"长接"，
寓示着庆贺回归，有吉祥的意义。

饺子有馅，吃了"有肚囊"，
寓意有心眼、有智慧。一个人出门
在外要应对许多突发事件，送行吃
饺子有讨吉利的意思。不仅如此，

民国时期沈心海（1855—1941）绘《桃溪送别图》

陈少梅（1909—1954）画作中展现的风雨中归家的场景

饺子还有"囫囵完整"的含义，蕴含着亲人对即将远行的人的殷殷期盼与美好祝福，所以送行吃饺子的意义深远。

"出门饺子回家面"不仅展现了亲人的关切，也展示了人们对未来美好的祈望。

趣味链接：

饺子的来历

饺子深受老百姓的欢迎，民间有"好吃不过饺子"的俗语。每逢新春佳节，饺子更成为一种不可缺少的主食。

饺子起源于东汉时期，是河南邓州人张仲景首创。当时饺子是药用，张仲景用面皮包上一些祛寒的药材用来治病，避免病人耳朵上生冻疮。张仲景著有《伤寒杂病论》，其中的祛寒娇耳汤被历代医者奉为经典。

汉末时期，饺子成为一种食品，被称为"月牙馄饨"。到南北朝时，饺子煮熟以后，不是捞出来单独吃，而是和汤一起盛在碗里混着吃。到了唐代，饺子的吃法和现代一样。

宋代，称饺子为"角儿"，也是"饺子"一词的词源。

根据文献记载，明代出现了春节吃饺子的习俗。明末，人们在包饺子时，常常将金如意、糖、花生、枣和栗子等包进馅里。吃到如意和糖，寓意来年的日子会更甜美，吃到花生寓意健康长寿，吃到枣和栗子寓意早生贵子。

清代，饺子一般要在年三十晚上子时以前包好，待到半夜子时吃，取"更岁交子"之意。有喜庆团圆和吉祥如意的意思。

如今，在北方地区，逢年过节吃饺子已经成为民俗习惯，饺子的种类也很多，我国很多地区也有具有地方特色的饺子名品，如广东用澄粉做的虾饺、西安的酸汤水饺、衡水的猪肉白菜饺、上海的锅贴煎饺、沈阳的老边饺子，等等。

狗肉不上席

民间有句俗话叫作"狗肉滚三滚，神仙站不稳"，意思是狗肉香美异常，导致神仙也经不住诱惑。但是民间还有一种说法，就是"狗肉不上席"或者"狗肉不上桌"。

"狗肉不上席"的"席"指的是"大席"，大席一般是用于仪式、宴会、待客，比较隆重，比起其他的肉食，狗肉不够级别和档次，所以说狗肉一般不上大雅之席。

承认狗肉好吃，却又不让狗肉登大雅之堂，上不得席面，这是为什么呢？

民间大概有以下几种说法：

说法一：在南北朝时期，佛教昌盛，在佛学典籍上把狗视为不洁之物，严禁屠食。梁武帝萧衍（464—549）曾撰写《断酒肉文》等，极力鼓吹僧人禁食酒肉，因为梁武帝是皇帝，对他的敕命，僧人只能遵而行之，所以佛门弟子也就不吃肉。道家也有忌讳，明代李时珍曰："道有以犬为地厌，不食之。"

说法二：民间认为狗吃粪便，很下贱，加上在中国百姓的语言色彩中，与狗有关的字多带有贬义，致使我国大多数地区的正规宴席都不安排狗肉菜肴。

说法三：根据江苏徐州一带的民间传说，汉代刘邦当皇帝前经常吃狗肉，他当了皇帝衣锦还乡时，众乡邻用狗肉招待他，刘邦反而认为乡邻看不起他，下令再有在宴席上安排狗肉的，一律杀头。于是，在当地狗肉可以吃，却不可入席。

说法四：古代有一种习俗，把吃狗肉视作散伙、各奔东西的意义，所以请客一般不用这道菜。江西食俗中就有句俗语"打狗散场"，意

南梁开国皇帝萧衍画像

思是谁家有事、有活儿，亲友们都来帮忙，事办完了，活儿干完了，主人照例杀狗烹肴款待，大家吃完了随即散伙，各奔东西。这种感觉和喜庆的欢聚情景很不协调，于是逢年过节或是喜庆日子，举办酒宴绝不上狗肉。

以上这些说法，在民间逐渐流传，潜移默化的作用之下，久而久之，"狗肉不能上席面"就形成了风俗礼仪。

与通常所说的"狗肉不能上席面"现象相反，在特定历史时期，例如先秦和春秋时期，狗肉的地位却不一般。

在先秦时期，狗肉是"燕飨"等大型活动不可缺少的食物。商周时期曾把狗肉列为祭祀大礼的专用祭品，只有在祭祀上天和祖先这类隆重场合才能应用，平常的席面想吃狗肉也难。那时的狗肉是周天子专用食品，贵重如金，官员根本没有资格享用。据《国语·越语上》记载，春秋时期，越王勾践卧薪尝胆，意图东山再起，为增加兵源鼓励百姓生育，制定了凡生男孩者，赏两壶酒和一条狗；凡生女孩者赏两壶酒和一头猪这样的奖励措施。从中可以看出，在当时，狗的地位比猪高。后来，因为食狗的人多了，屠狗便成了一个专门的职业。据《史记·刺客列传》记载，著名的刺客聂政"家贫，客游以为狗屠"。

秦汉时期，猪肉和狗肉是最常见的肉食。无论是山东、河南、河北、江苏、陕西、四川出土的汉墓壁画，还是画像石、画像砖，只要出现庖厨图，宰猪和屠狗都是最常见的。这一时期，狗肉的吃法有多种，如：狗羹（只放肉不加佐料的纯狗肉汤）、狗巾羹（加葵菜的狗肉汤）、苦羹（加苦茶的肉汤，其用肉有牛肉和狗肉）、犬肝炙和犬肋炙（用一支小三股叉，穿以烧炙好的肉串），等等。

魏晋南北朝后，北方的游牧民族进入中原，因为狗对于游牧民族十分重要，不仅是打猎时的伙伴，也是看护羊群、帮助放牧的助手，所以不能食用狗肉。游牧民族入主中原，也把这一习俗带了进来。

隋唐五代时期，由于战乱，生产力比较低下，老百姓生活很困苦，肉食对平民百姓而言为难得之物，对于官吏而言，吃蔬菜是常事，肉食也很少见。

这一时期吃狗的记载比较少。

宋朝时，由于宋徽宗赵佶属狗，为避讳禁止百姓食用狗肉，导致宋朝有一段时间禁止吃狗肉。到了元代，食用的家畜肉以羊肉最为重要。这一时期，关于吃狗肉的相关记载并不多见。

明朝，广州人好食狗肉。在明朝皇宫内也流行吃狗肉。明朝第十五位皇帝明熹宗朱由校（1605—1627）时期，权监"九千岁"魏忠贤，好吃狗肉。

清代，著名画家郑板桥极爱吃狗肉，曾说："地下走兽，唯独官会狗肉。"

到了近现代，入肴的狗肉，除了来自普通的狗类，还有专门养殖的肉食狗。狗肴的烹调方法也丰富多彩，比如辽宁菜中的关东煮狗，吉林菜中的松茸烧狗肉，陕西菜中的手把狗肉，广东菜中的家常柱侯炆狗肉，贵州菜中的关岭花江狗肉，四川菜的狗肉火锅，等等。这些美味狗肴被端上大席，深受消费者欢迎，打破了"狗肉不能上席面"的老传统。

趣味链接：
养狗的历史

《说文稽古篇》中说："游牧时代，惟犬独多，穴居则畜犬守御，狩猎则携犬自随，因而人必畜犬。"说明人类从事狩猎和采集的时候起，狗就开始和人类朝夕为伍了。

在人与狗漫长的相处过程中，人们越来越熟悉狗的生理特性，逐渐给狗赋予了神性，狗也成了人们原始崇拜的对象。

公元前13世纪的甲骨文中，就有"五十羊　五十犬"的文字记录。河北武安磁山、河南新郑裴李岗以及浙江余姚河姆渡文化遗址中，都发现了狗的遗骸。

夏商周时期，养狗也比较普遍。在河南偃师二里头文化遗址曾发现陶塑家狗的实物和殉狗的墓例。

商代，以郑州二里岗、安阳殷墟文化为代表的商文化遗址，均发现大量

汉代画像砖中有拴着的看门狗

的家犬骨骼。

　　陕西一带发现的西周墓葬，也大多见有用狗殉葬的现象，说明当时狗与人的关系相当密切。

　　狗与人们的关系密切，但仍没逃过做祭品的命运。在古代，狗除了用来献祭祖先，祈求降福，还用来祭祀山川、道路、城池等。《周礼》中就有规定，大王出行的时候要"拔祭"，就是用犬祭车和道路，以祈求周王旅途平安。

　　春秋时期，《周礼·秋官》记载，当时设有"犬人"管理犬。春秋时期的大力士朱亥，战国时期的荆轲挚友高渐离，都是屠狗卖肉出身的名家。

　　据《史记》记载，汉代设置管理狗的"狗监"。汉武帝在位时曾建"犬台宫"，供文武百官观看"斗狗"，以此作为一项娱乐项目。东汉后期，汉灵帝爱狗痴迷，狗官成为当时让人极为羡慕的职位。

　　唐代，开始出现宠物狗，为权贵所饲养。到了宋代，养宠物狗行为已从

清代郎世宁所作《三犬图》

宫廷贵族扩大到富有的平民家庭。宋代还出现了宠物市场，如开封府的大相国寺："每月五次开放万姓交易，大三门上皆是飞禽猫犬之类，珍禽异兽，无所不有。"

　　明清时期，百姓养看门狗，富贵人家养宠物狗已成为普遍现象。如今，狗已经走进千家万户，人与狗的关系愈加亲密，狗的形象也出现在剪纸、雕塑、玩具、影视等门类中，以独特的方式陪伴着我们。

桌上不摆三盘菜，六人莫坐乌龟席

"桌上不摆三盘菜，六人莫坐乌龟席"，说的是迎宾待客礼仪。

一般来说，不管是多桌的团体酒席，还是单桌的宴席，桌上菜品的数字

103

清代贾全《狩猎图》中猎人带猎犬打猎场景

一定是双数，而不是单数。客人少，可以是两个菜，或者四个菜，不能是三个菜，这是为什么呢？

在过去的祭祀仪式上，会摆贡品和贡酒，贡品是三盘菜，贡酒是三杯，所以，摆三盘菜是用来祭祀先祖的。换句话说，三盘菜是给死人吃的，而不是给活人吃的。接待客人时，在桌上只摆三盘菜，是对客人的不尊重，知道规矩的客人也会很生气。

在过去，吃饭用的桌子多是四方形的，一桌坐八个人。一般来说，家中办酒席的人会安排八位客人为一桌，然后剩余的人拼为一桌，但是这最后一桌不能坐成乌龟席。

"乌龟席"是说客人坐的位置整体来看像乌龟图形，就是前后各坐一人，两侧各坐两个人，一共六个人。坐成"乌龟席"带有不尊重主人家的意思。

主人请客时，事先会把人数定好，要么是四个，要么是八个。预备中途有人不来，家里还得准备一个候补的。这就是中国饮食文化的

清代的八仙桌

精华之处，处处彰显礼仪礼节。如果最后来了六个客人，也有办法，最好的办法就是把八仙方桌换成大圆桌。这样不仅解决了"乌龟席"的问题，而且连主座、次座都不存在了，大家坐在一起边吃边谈，其乐融融。

随着社会的发展，很多迎宾待客、亲友往来的规矩在发生变化，但是，古代流传下来的礼仪绝大多数还适用于现在的生活。所以，知晓并遵循一些迎宾待客的礼仪是很有必要的，因为这不仅能体现出一个人的礼仪素养，更能体现出做人的智慧。

趣味链接：

乌龟简史

当原始先民们处于蒙昧状态时，龟就在地球上成为独立的家族。原始人类看到龟的性情温和，能水陆两栖，风雨不惧，耐饥耐饿，遇到强敌以甲护身，认为龟是不可思议的天生神物。因此，在原始自然崇拜中，龟成为若干氏族所崇拜的图腾。黄帝族就是以龟为图腾的氏族。大禹之后，夏统一中国，使龟崇拜在中华大地上得以延展、深化。

在山东大汶口、浙江河姆渡等新石器时代的墓葬中，都曾先后发现龟崇拜的遗存。

在夏商周时期，人们用龟占卜；周朝时，在宫内设立龟官，官名称"龟人"。龟人的地位不仅同御史相当，而且龟人能直接决定天子的言行举止，随时参与帝王决策，比御

古画中的乌龟形象

史的权力更大、威信更高。

汉代，人们把龟视若神明，把龟与皇族的祖宗供奉在一起，视龟如祖宗的神灵，保汉室江山千秋万代。

唐代在继承和弘扬以往历代崇龟遗风的基础上，把中国的龟崇拜推到高峰。传统的调兵遣将的虎符改为龟符，北方边陲的都护府改名为龟林府。唐代还同时规定：凡五品以上即生前能享受佩龟荣耀的，死后可赐以龟驮碑而留芳。从此，龟驮碑成为显威颂德、流芳百世的象征。

宋代，龟崇拜普及到民间。王安石、苏东坡常常写诗作文，表露"愿作泥中曳尾龟"的心迹。

元明清时期，龟的形象遭到破坏，开始把不好的事或现象用龟来作比，例如，天旱地裂叫"龟裂"，鸡胸病叫"龟胸"，驼背叫"龟腰子"，还出现了一些与乌龟相联系的骂人的话。

如今，龟文化在中华大地绵延不绝。中国华南一带诸多地方的景点有龟的石塑，而石龟在景点里也是人们朝拜的对象，逢年过节还要石龟挂上红绸缎或者红布以祈求吉祥。龟也成为人们喜爱饲养的宠物。

客不观仓，客不观灶

俗语说"客不观仓，客不观灶"，这是一种拜访礼仪。在过去，客人到主人家拜访，忌讳东张西望，乱翻乱找。不能去看主人家粮仓的粮食是否充足，不能去主人家厨房看吃的是什么饭菜。如今，去走亲访友，也忌讳到主人家随便拉抽屉、翻衣柜等，否则会惹得主人家厌恶。

到某地某人家中做客，要了解当地的风俗和禁忌，切莫犯了人家的忌讳，即"入乡随俗"，以免闹出笑话，或者发生误会。

一些具体的礼仪一定要注意。

（1）不请自来不可取

俗话说："人家没请自上门，饱了肚子小了人。"做客最忌讳的是突然到访，不请自来。所以，走亲访友之前，最好提前给亲友打个招呼。

清代禹之鼎（1647—1716）所绘《访友图》

　　在过去，拜访前要与被拜访者预先约定一个时间，以便对方事先做好安排。约定好了时间，就应遵守约定，准时到达，以免让别人久等。如果发生了特殊情况不能前去，应尽可能提前通知对方，并表示歉意。

　　另外，人们习惯于中午之前专程拜访师友以及尊贵的人家，如果午后日落之前或者趁他事之便前去拜访，被称为"残步"，会显得不尊重被拜访者。

明代文伯仁（1502—1575）所作《携琴访友图》

接到别人邀请后，要认真考虑是否愿意前往，无论答应还是拒绝都要及时告诉对方，以免让友人焦急等待。一旦应邀，一定要守约，没有特殊理由不能失约。

（2）忌无"礼"拜访

过去，客人拜访主人时，通常会带见面礼；主人在客人离开时，也会回礼。但是，忌讳将原物送还——只有在拒绝收受对方馈赠时才能原物送还。

带的见面礼也有忌讳，各地有不同的风俗礼仪，拜访前一定要弄清楚。

例如我国的佤族这一少数民族，在日常生活中忌讳以辣椒、鸡蛋作为礼物，因为在古代，佤族部落间曾发生交战，当时就常通过送给对方辣椒表示宣战，用送给对方鸡蛋的方式表示要复仇。

（3）守孝期不宜外出拜访

过去，直系长辈去世后有子女守孝三年的风俗，这期间讲究比较多，如穿白鞋、过年不能贴春联等。如今没有守孝三年这一风俗礼仪了，但有的地方还有"四七""五七"的说法，就是在长辈去世 28 天或者 35 天的时候，要去上坟烧纸。这期间，子女还在"守孝期"，如果随便串门就犯了"大忌"。一般风俗认为，长辈去世后子女应在这段时间内停止交际以示哀悼，串门会被认为"不孝"。再者，人们认为在"守孝期"的人运势极差，串门会给主人家带来霉运。所以，如果处于守孝期，尽量不出门拜访。

（4）孕产妇或刚流产的妇女不宜外出拜访

过去有一种说法，妇女在身怀六甲之后急需"阳气"，串门会把主人家的"阳气"带走。而产妇或刚流产的妇女身体"较弱"，容易沾惹"污物"，随意串门会给主家带来霉运。当然，这些都是迷信说法，不让孕妇随意串门是为了保证孕妇的安全，而产妇和刚流产的妇女身体虚弱，串门也会影响身体的康复。

（5）不能在饭点儿去串门

切忌在快要吃饭的时间去别人家串门；串门时，到了吃饭的时间要及时告辞回家。

（6）正月初一、正月初五不串门

大年初一不宜串门，因为初一是新一年的开始，也是家人团圆的日子，这个时候去别人家串门，容易破坏家庭的温馨气氛，可能会遭人厌烦。

过去的风俗认为，正月初五是送穷鬼的日子，如果正月初五上门走亲访友，相当于给这家人送去了"穷鬼"，这家人来年财运会变得不顺。直到现在，一些偏远地区仍非常忌讳正月初五上门串亲戚。

（7）主不动，客不吃

做客时，主人要热情好客，而客人则要尊敬主人，不要触犯禁忌。主人宴请客人时，客人不能先于主人饮食，否则便是对主人的不尊敬。

（8）做客要掌握时间，适时告辞

做客如果已经约好见面的时间长度，到时间后就应该告辞。如果双方事先没有约定见面时间的长短，当双方谈完事情，也应及时起身告辞。到了休息时间，毫无疑问也应告辞。除非想请主人吃饭，或者主人留客人吃饭，否则快到用餐时间应起身告辞。当有其他人来访时也应尽快告辞。

在与主人谈话的过程中，如果发现主人心不在焉、长吁短叹或不时看表，来访者应该找理由告辞。

准备告辞的时候，应选择在自己说完一段话之后，而不是主人或其他人说完一段话之后。同时，告辞前不应有打哈欠、伸懒腰等举止。

告别前，应该对主人的友好、热情等给予适当的肯定，并说一些客套话，如"打扰了""添麻烦了""谢谢了"等。

起身告退的时候，如果还有其他客人，即使不熟悉，也要遵守"前客让后客"的原则，礼貌地向他们打招呼。

离开时，如果主人出门相送，送上几步后，可以说"请留步"之类的客套话，主动向主人伸出手相握，以示告别，并请其留步。

趣味链接：

民间祭灶

在有些地区的农村，至今保留着在厨房设"灶王爷"神位的习俗，灶王爷像两旁一般贴上"上天言好事，下界保平安"的对联，人们祈望以此保佑全家的平安。"灶王爷"是玉皇大帝封的"九天东厨司命灶王府君"。在古代传说中，"灶王爷"指的是火神祝融，《礼记·礼器疏》中说："颛顼氏有子曰黎，为祝融，祀以为灶神。"先秦时期都是夏日祭灶，因为夏历六月代表祝融的大火星亮度最佳，《礼记·月令》中说："是月火王，故祀之也。"晋代葛洪编著的《抱朴子》中也说："孟夏可以祭灶。"

　　早在晋代，民间就认为灶王会上天向玉皇大帝打报告。《抱朴子》中记载："月晦之夜，灶神亦上天白人罪状。"晋代周处的《风土记》记载："腊月二十四日夜，祀灶，谓灶神翌日上天，白一岁事，故先一日祀之。"民间在腊

民国时期的灶王年画

月二十四祭灶神的现象已非常普遍。

南宋诗人范成大的《祭灶词》对南宋时期民间祭灶作了极其生动的描写：

古传腊月二十四，灶君朝天欲言事。

云车风马小留连，家有杯盘丰典祀。

猪头烂熟双鱼鲜，豆沙甘松粉饵圆。

男儿酌献女儿避，酹酒烧钱灶君喜。

婢子斗争君莫闻，猫犬触秽君莫嗔。

送君醉饱登天门，勺长勺短勿复云，乞取利市归来分。

清代，从雍正年间开始，每年腊月二十三在坤宁宫祀神，同时祭拜灶王爷。王公大臣也效仿宫廷的做法，于腊月二十三祭灶，于是民间开始了腊月二十三祭灶的习俗。

民间祭灶神，多选在黄昏入夜之时举行。在院子里摆上供桌，桌上放上灶糖。灶糖是一种麦芽糖，黏性很大，把它抽为长条形的糖棍称为"关东糖"，拉制成扁圆形就叫作"糖瓜"。鲁迅先生在《送灶日漫笔》一文中说："灶君升天的那日，街上还卖着一种糖，有柑子那么大小，在我们那里也有这东西，然而扁的，像一个厚厚的小烙饼，那就是所谓'胶牙饧'了。本意是在请灶君吃了，粘住他的牙，使他不能调嘴学舌，对玉帝说坏话。"

用糖祭灶，民间传说有两个用意：一是糖是甜的，灶王吃了，上天汇报时可以甜言蜜语地"上天言好事"；另一个用意是糖粘嘴，灶王吃了，把嘴粘住，在玉帝面前开不了口，说不成坏话。有的地方，还将糖涂在灶王爷嘴的四周，边涂边说："好话多说，孬话别提。"灶神上天要骑马坐轿，送灶人家要替他置备轿马，其方法是穿扎一双竹筷子作为轿子（有的用纸做纸马、纸轿），将稻草或干草剪成一寸长的几段，并摆一撮豆子作为喂马的饲料，一齐摆于供桌上。过一段时间，等灶王爷"吃饱喝足"，人们将供了一年的灶君像请出神龛，连同纸马和草料，点火焚烧。在灶王爷上天之后，从腊月二十四起，人们便开始掸灰尘扫房子，扫去尘埃，清洁庭户，用焕然一新的面貌迎接新年。

久住令人贱，频来亲也疏

"久住令人贱，频来亲也疏"出自《增广贤文》，大意是在别人家住太久，会引起别人的厌烦；亲友之间来往太频繁，亲密的程度会下降。这句话是告诉我们要懂得亲友之间的相处之道，掌握好距离。

"久住令人贱"，这里的"贱"指厌烦，走访亲友时，在亲友家留宿的时间要有限度，小住几天可以加深彼此的感情，但是久住则会自贬身价，招人厌烦。

"频来亲也疏"是在告诉我们，如果亲友之间走动得太频繁，反而容易导致疏远。所以要把握好其中的度。

"久住令人贱，频来亲也疏"道出了亲友之间往来的礼仪规范，也是告诉我们要顾及对方的感受，掌握好度，保持适当的距离才是维持长久关系的良方。

明代文徵明（1470—1559）画作中乡间拜访的场景

趣味链接：

近邻不可断，远亲不可疏

俗话说"远亲赶不上近邻，近邻赶不上对门"，说明了邻居的重要性。如今，农村外出人口日益增多，城市人口不断增加。越来越多的人住进了高楼大厦，很多人在同一幢楼里住了几年，可能不认识对门是谁。

"近邻不可断，远亲不可疏"，说的是近邻在生活中的重要性，要维护好往来；对有血缘关系的远亲，不能因为距离远就过分疏远。这句话展示了邻里和亲友之间相处的礼仪规范。

在古代，邻里是一种居民组织，《周礼》中说："五家为邻，五邻为里，四里为酂，五酂为鄙，五鄙为县，五县为遂。"也就是说，每五家组成一个"邻"，每五个邻组成一个"里"。邻里之间是个人、家庭最基本的社交关系，邻里关系十分重要。我们熟知的孟母三迁的故事，就是因为邻里关系影响了孟子的成长，孟子的母亲才搬家三次，最后选择了住在学校旁边。这个故事也说明了邻里关系的重要性。

大量的俗语也说明了处好邻居关系的重要性，例如：

邻居好，无价宝。

一家有事，四邻不安。

是亲必顾，是邻必护。

邻居中个举，不如邻居买头驴。

不望邻居出诸侯，只望邻居买头牛。

打墙盖房，邻里帮忙。

千金买房，万金买邻。

先有亲，后有邻。

好汉不欺邻。

三辈子难修好街坊。

邻居好，赛过宝；邻居和，饿不着。

村帮村，邻帮邻。

一家有难，四邻帮忙。

邻里一杆秤，街坊千面镜。

亲帮亲，邻帮邻，和尚帮的出家人。

行要好伴，住要好邻。

和得邻居好，胜于穿皮袄。

…………

"远亲不可疏"也是如此，不能因为亲戚不常见，住得远，就不来往。"走亲戚，拉大锯，你来来，我去去"，"三年不上门，是亲也不亲"，这些都说明

清代顾见龙（1606—1687）绘《孟母三迁图》

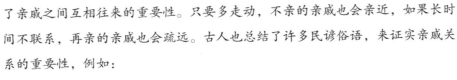

了亲戚之间互相往来的重要性。只要多走动，不亲的亲戚也会亲近，如果长时间不联系，再亲的亲戚也会疏远。古人也总结了许多民谚俗语，来证实亲戚关系的重要性，例如：

亲戚不计财，计财两不来。

贫困患难，亲戚相助。

亲连亲，亲套亲，打断骨头连着筋。

是亲三分向。

…………

将上堂，声必扬；将入户，视必下

"将上堂，声必扬；将入户，视必下"出自汉代韩婴所作《韩诗外传》，大意是说，去别人家拜访时，上了台阶将要进入房内之前，应先提高声音告知里面的人自己要进去了；进入别人家里时，视线要朝下，不能东张西望。古代的住宅一般多为堂室结构，堂与室相连，建在同一个台基上，都在居室建筑的中轴线上。堂在前，室在后，由堂进入室，必须先登堂阶。一般情况下，主人地位越高，堂基就越大，登堂的台阶就越高。"室"是居住的地方，有"户"与外相通，要入室必须先经过"户"。"户"在古代指的是设置在居室里的门，通常只有一个门扇。

为什么"将上堂，声必扬"？在古代，去别人家拜访，登上厅堂之前，要高声询问是否有人，是否可以进入。如果主人在接待客人，上堂之前先询问，可以让主人有所准备；如果主人在谈论秘密之事，高声招呼也是为了避嫌。

"将入户，视必下"说的是进入别人屋内，不要四处乱看，万一看到主人家的秘密，进与退都不合适。"将入户，视必下"是一种礼仪，更是一种修养。

与"将上堂，声必扬；将入户，视必下"类似的俗语还有"瓜田不纳履，李下不整冠"，出自古乐府《君子行》："君子防未然，不处嫌疑间；瓜田不纳履，李下不整冠。"意思是：从别人家瓜田边经过，即使鞋子脱落了，也不要弯下腰去穿上它，这是为了避嫌，避免可能被怀疑为在偷瓜；在人家李子树下经过，即使帽子碰歪了，也不要举手去戴它，这也是为了避嫌，避免被怀疑在偷李子。

　　古人强调正人君子要顾及言谈举止，风度礼仪，还要主动避嫌，远离一些容易引起嫌疑、让人误会而又有理难辩的场合。这一行为规范，放在现代也同样适用。

清代石元士（1849—1919）画作中的访友场景

第四章　交际往来——以德行相交，自卑而尊人

　　宋代诗人陆游在《晚秋农家》一诗中说："老来万事懒，不独废应酬。"生活中，社会交际、来往应酬是不可避免的。尤其是古代社交往来，礼仪规范特别多，相约、会见、分别，都有规范。我们要有意识地从传统礼仪中继承、借鉴和发扬优秀的礼仪，做到人人知礼、守礼、循礼、依礼，这样不仅能提升人们的素养，还能促进社会的和谐。

来而不往，非礼也

　　"礼尚往来。往而不来，非礼也；来而不往，亦非礼也。"出自西汉礼学家、经学家戴圣编著的《礼记·曲礼》。戴圣在《礼记·曲礼》中说："道德仁义，非礼不成；教训正俗，非礼不备；……鹦鹉能言，不离飞鸟，猩猩能言，不离禽兽，今人而无礼，虽能言，不亦禽兽之心乎？"意思是说，道德和仁义，没有"礼"的规范就落不到实处；教育训导，整饬民俗，没有"礼"就会顾此失彼；……譬如鹦鹉，虽然能学人说话，但终究还是飞鸟；猩猩虽然也能说话，但终究还是禽兽。如果作为人而不知礼，虽然能说话，但是和禽兽没什么分别。

　　古人强调礼的重要，圣人制定了一套礼仪规范来教育人，使人人都有礼，知道自己有别于禽兽。

　　戴圣接着解释："太上贵德，其次务施报。礼尚往来。往而不来，非礼也；来而不往，亦非礼也。人有礼则安，无礼则危，故曰：礼者不可不学也。"这段话的意思是说，上古时期，人们崇尚"德"，后来却讲求施报，付出就想获

問禮老子

明代刻本，孔子一生曾多次向老子问礼

重印十三經序
教科成編而六經微旁行為替而圖文廢國
勢不張文化亦靡能自信致今日廢經說倡
惟人是從良足憫也反之者又葳棄儒先傅
注糅雜外教附會新異張替說以便其私則
侮經之祠亦與廢經等今且無眼與侮經者
辯而亟欲存經并無眼與侮經者辯而亟欲
為經存注抱殘守缺無使散佚於今日以待
後學存中國耳豈徒與陋儒時髦爭是非哉
重印十三經序

清代出版的《礼记》

得回报，施人恩惠却收不到回报，是不合礼的；别人施恩惠于己，却没有报答，也不合礼。只有人们遵守这种礼节，社会才能安定；如果没有了礼的规范，社会就会出现动乱，所以说人们要知礼，学礼。

"来而不往，非礼也。"礼节贵在有来有往，只有往而无来或其有来而无往，都是不合乎礼数的。在社会交往中，要有来有往，互相都应采取同样的态度和礼仪规格，这样才是"礼尚往来"。

在迎来送往方面，古代礼仪要求也很多，例如，迎宾待客，主人经过请返、再请返、辞挚、再辞挚，然后受挚、会客、送客，会客的礼仪才结束。但是，迎宾待客的礼节只完成了一半，因为只有单方面的行为，不能称为礼。既然对方前来拜访，自己也应当登门回访，否则就是失礼。回访的时间，一般是在对方来访的次日。回访之日，主、宾身份发生了转换，主人变成了宾，而宾则变成了主人。

即使在今天，人们依旧讲究"来而不往，非礼也"，你来我往才是对等的关系。

俗话说"柴米夫妻，酒肉朋友，盒儿亲戚"，这句俗语虽然将"来而不往，非礼也"狭义化了，但是也揭示了一种社会现象：礼节是需要相互往来的，但是也不要让礼物成为维系双方关系的唯一纽带。礼仪的表现方式还有很多，关键是要有互敬之心，这一点比有价值的礼品更重要。

不求见面惟通谒，名纸朝来满敝庐

明代著名画家、书法家文徵明（1470—1559）有一首《拜年》诗：

不求见面惟通谒，名纸朝来满敝庐。

我亦随人投数纸，世情嫌简不嫌虚。

这首诗的意思是说：如今人们不要求见面，只希望通过拜帖来问候，所以我的屋中也堆满了各种名贵的拜帖。我也随潮流向他人投送拜帖，人们只会嫌弃简慢，而不会嫌弃这其实只是空虚的礼节。

春节的拜年礼仪，也经历了较长时期的发展。先秦时期，人们之间正式的造访，要带礼物，这在《周礼·春官宗伯·大宗伯》中有明确的记载："以禽作六挚，以等诸臣：孤执皮帛，卿执羔，大夫执雁，士执雉，庶人执鹜，工商执鸡。"也就是说，人们在造访之前要按各自的身份和地位准备好相应的礼物，空手拜访是一种无礼的行为。

随着历史的发展，人口的增加，社会分工日益繁杂，人们的交往也逐渐增多。在未发明纸和笔之前，人们在造访他人时，往往先呈以"名片"通报姓名。当时是用刀在竹片、木板上刻字，作为身份的象征。西汉时期，称作"谒"，故而后世有了"谒见"一词。《释名·释书契》中解释："谒，诣告也。书其姓名于上以告所至诣者也。"东汉时，又被改称为"名刺"，投递予人的叫作"投刺"。清代赵翼在《陔馀丛考》卷三十"名帖"中有记载："古人通名，本用削木书字，汉时谓之谒，汉末谓之刺，汉以后则虽用纸，而仍相沿曰刺。"

纸和笔发明之后，把个人信息直接书写在纸上，称为"名纸"；用硬纸片书写，称之为"片子"。做得讲究一点的，或者因求见、拜会有别，于是又叫出许多名称，如名牒、谒、柬帖、拜帖，等等。也有沿用古意的叫作"刺""名刺"。宋代人周辉在《清波杂志》中说："宋元祐年间，新年贺节，往往使佣仆持名刺代往。"这种名刺是用一种梅花笺纸裁成的二寸宽、三寸长的纸片，上面写着受贺人的姓名、居住地址和恭贺新年的吉利文字，以此代为拜年。明代名片叫"名纸""名帖"，春节拜年不必进府门，送上名片就好比见到了主

清代人们出行的场景

人。清末到民国时期，出现了"名片"的叫法。

清代著作《燕台月令》中记载，清代的北京，逢年过节，"是月也，片子飞，空车走"。当时，人们贺年送的"名帖"用红纸书写称为"红单帖"，上面写上姓名送给亲朋好友，以示祝贺。派人送的，称"正帖"；把拜年帖子放在木匣子里送的，称为"拜匣"。当时大户人家不是接到拜帖就完事，还要对传来的帖子和前来拜年的来客进行登记造册，做到心中有数，再根据来客或"飞帖"的主人的辈分或官职，以及详细居住地址，回拜回帖，做到"礼尚往来"。

现在，送"名帖"拜年的形式基本不存在了。拜年不一定到对方家里，还可以电话拜年、微信拜年。

趣味链接：

压岁钱

送压岁钱是春节习俗之一，传说是为了压邪祟。有文献记载的压岁钱最早出现于汉代。最早的压岁钱也叫"压胜钱"，或叫"大压胜钱"，这种钱不是市面上流通的货币，而是为了佩戴玩赏专门铸成钱币形状的避邪品。

民国时期袁培基（1870—1943）画作中展现的过年的场景

　　唐代，宫廷里有春日散钱的风俗，当时春节是立春日，是宫内相互朝拜的日子，民间并没有这一习俗。宋元以后，正月初一取代立春日，称为春节。

春日散钱的风俗就演变成给小孩压岁钱的习俗。

后来，压岁钱逐渐变成了真正的货币。

明清时期，压岁钱大多数是用红绳串着送给孩子。清代《燕京岁时记》记载："以彩绳穿钱，编作龙形，置于床脚，谓之压岁钱。尊长之赐小儿者，亦谓压岁钱。"一些地方把给孩子压岁钱也叫"串钱"。清代吴曼云《压岁钱》诗中说："百十钱穿彩线长，分来再枕自收藏；商量爆竹谈箫价，添得娇儿一夜忙。"

民国时期，长辈喜欢用红纸包100文铜钱当压岁钱给晚辈，取"长命百岁"的寓意。货币改为纸币后，长辈喜欢用连号的新钱当压岁钱，寓意好运连连。

如今，长辈为晚辈送压岁钱的习俗仍然盛行，压岁钱也是孩子们期盼过年的理由之一。

见人先作揖，礼多人不怪

俗话说："见人先作揖，礼多人不怪"，在古代，"作揖"是一种较为常见的礼节，《说文解字》中解释说："揖"就是"攘"，"攘"就是推的意思，所以"揖"就是双手抱拳前推。"揖礼"最早表达的是一种谦逊的态度，古代就有"揖让"的说法。

《周礼·秋官·司仪》中说："司仪掌九仪之宾客摈相之礼，以诏仪容、辞令、揖让之节。"《周礼·秋官·司仪》中记载了有关"揖礼"的几种形式："土揖庶姓，时揖异姓，天揖同姓"，即"三揖"：

土揖，专用于没有婚姻关系的异姓之间，行礼时推手微向下。

时揖，专用于有婚姻关系的异姓之间，行礼时推手平而置于前。

天揖，专用于同性宾客之间，行礼时推手微向上。

随着历史的发展，复杂的周礼也渐渐演化，每个朝代都有相应的揖礼。除《周礼》中记载的"三揖"，古代文献中经常出现的作揖形式还有"特揖""长揖""旅揖""高揖""拱揖""旁三揖"等。

"特揖"，即一个一个地作揖。《周礼·夏官·司士》中说："孤卿特揖，大夫以其等旅揖，士旁三揖。"

明代沈周（1427—1509）《京江送别图》中古人送别时行揖礼的画面

　　"长揖"是指拱手高举继而落下的一种作揖形式。《汉书·高帝纪（上）》中记载："沛公方踞床，使两女子洗。郦生不拜，长揖曰：足下必欲诛无道秦，不宜踞见长者。"唐代颜师古注释说："长揖者，手自上而极下。"长揖时身躯稍微一躬，不跪拜，是一种不卑不亢的礼节，古代有气节之士拜见有权势之人的时候，不向对方卑躬屈膝，就用长揖的形式表达敬意。

　　"旅揖"，即按等级分别作揖。晋代荀勖在《四厢乐歌·隆化》中说："旅揖在庭，嘉客在堂。"

　　"高揖"是就行礼时举手的高度而言，双手抱拳后高举过头而作揖。南朝谢灵运在《述祖德诗》中写道："高揖七州外，拂衣五湖里。"在古代，"高揖"主要作为辞别时的礼节。

　　"拱揖"，即拱手作揖。其实，拱手与作揖原本是两种不一样的礼节，拱手仅仅是拱手抱拳，而作揖一定要加上身体的弯曲动作。宋代学者王虚在其儿童教育书籍《训蒙法》中即写道："揖时须是曲其身，以眼看自己鞋头。"

　　"旁三揖"，即对众人一次作揖三下。

　　如今流行握手礼，作揖的礼仪很少有人用了，虽然在某些场合还有作揖礼，但也是古代揖礼的简化版。

趣味链接:

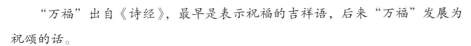

女道万福男作揖

"万福"出自《诗经》，最早是表示祝福的吉祥语，后来"万福"发展为祝颂的话。

万福礼，不是指行礼动作，而是人们行礼时口道"万福"。在唐代以前，人们相见问好，都是口道万福，表示祝福。

唐代之前的万福礼就是口头之礼，行礼时说一声"万福"就算是行礼了。到了武则天时期，特地制定了女子相见礼。以前，女人相见要跪拜，武则天规定，女子"正身下立，两手当胸前，微俯首，微动手，微屈膝"即可，无须跪拜。这种礼仪在当时叫"女人拜"。

到了宋代，女子相见在行"女人拜"之礼时，也会口称"万福"。"女人拜"之礼和口称"万福"的结合，就是"万福礼"。宋代小说《错斩崔宁》中提到：男女相见，男方"深深作揖"，女方则"还了万福"。这说明，当时男女已各行其礼，男子行作揖礼，女子行万福礼。

明代人所画武则天像

清代，满族女子是不行万福礼的，因为万福礼是汉族传统礼仪，只适用于汉族女子。满族有自己的礼仪，比如口道"万福金安"，请安，等等，行礼的动作，也是满族的礼节。清代中后期，由于被汉化，满族女子也开始行万福礼。不过，她们的万福礼和汉族不一样。满族女子万福礼要求是，左腿在前，右腿在后，两翻交，并拢手指，双手手指相握，置于身体左侧，同时下蹲。满族的万福礼是和她们的蹲礼结合的结果。

现在我们在电视剧或者舞台上看到的侧身万福礼，主要来自戏剧中的侧身万福礼，主要是为了舞台上呈现出来更好看，并不是古代万福礼的标准礼节。

同心之言，其臭如兰

"二人同心，其利断金；同心之言，其臭如兰"，出自《易传·系辞》，意思是说：两人心意相同，行动一致的力量犹如利刃可以截断金属；在语言上谈得来，说出的话就像兰草那样芬芳，互相都感觉悦耳。

这个"臭"读 xiù，是气味之总名，这里的"其臭如兰"指话语像兰草一样芬芳。"义结金兰"就是由此而来，意思是结交情投意合的朋友。"金兰"对应上句里断金似兰的交情。后来人们把异性兄弟结拜雅称为"义结金兰"。

结拜就是志趣、性格相近，相投缘的人，通过结拜的形式，结为兄弟姐妹般的关系，生活上互相关心，遇事互相照应。久而久之，结拜就演变成一种具有人文色彩的交际礼仪。

古代结拜有规范性的礼仪程序，即以自愿为基础，通过协商，选择吉日良辰，在一个大家都认为较适宜的地方，上挂神像，下摆三牲祭品，以及一只活鸡（男子结拜用公鸡，女子结拜用母鸡），一碗酒和《金兰谱》。

仪式开始后，每人拿一炷香和一份《金兰谱》。《金兰谱》上通常会将结拜人数、每人的姓名、生辰八字、籍贯、结拜时间、誓言及祖上三代（父母、祖父、曾祖）姓名等有关事项填写清楚，然后用红纸折成信封大小，封面写"兰谱"或"金兰谱"。义结金兰后，要交换《金兰谱》，这是古代结拜的礼节，因此，结拜还有一个说法叫作"换帖"。

《金兰谱》写完后，就是结拜。在神像前（也有供刘备、关羽、张飞三人的，拜干姐妹则供观音大士或对天发誓）备上香烛、供品，并将提前填写好的《金兰谱》供在香案上，依年龄大小，依次焚香叩拜，其中年长者领读《金兰谱》上的誓言。

清代禹之鼎（1647—1716）画作中展现的桃园三结义的故事

然后，把鸡宰了，将鸡血滴入酒中，将左手中指（女子用右手中指）用针尖刺破，把血也滴入酒中，搅拌均匀，先洒三滴于地上，最后以年龄大小为序，每人品一口，剩下的放在神像前。这种形式，也叫"歃血立盟"。

拜毕，共同饮酒聚餐，彼此以兄弟（姐妹）相称，称呼彼此父母为"干老""干妈"。宴饮后，集体再叩拜，撤香案，分《金兰谱》。日后若金兰反目绝交，会先烧《金兰谱》，这称为"断义"，也叫"拔香头子"。

清代上官周（1665—1749）绘《关羽像》

在古代，结拜还有禁忌：一是宗亲者不结拜；二是姻亲者不结拜；三是有辈分差别者不结拜；四是八字不合者不结拜；五是破族规者不结拜。

到了现代，随着人们的思想和社会环境等因素的变化，过去这种结拜形式渐渐地退出了历史舞台。虽然也有结拜的青年人，但很少遵循古代的结拜礼节，仪式一般从简，多以口头盟誓为主，隆重者则在关公神像或其他神明面前按礼仪习俗举行盟誓。结拜仪式后，参与结拜的人之间即以兄弟（姐妹）相称，遇婚丧喜庆、过年过节等，以兄弟（姐妹）关系来往。

趣味链接：

穷交能长，利交必伤

清代王永彬在《小窗幽记》中说："穷交能长，利交必伤"，意思是说，只有淡如水的君子之交才能久长，通过利益关系成为朋友，最终会因为利益分割伤害了交情。这也是在告诉我们，交朋友，最重要的是心和心的交往，而不是物质和物质的交易，所以应该是以情交而不是以利交。贫穷时期交往的朋友，往往能成为交心的朋友。这种纯粹交心的朋友，即使到了贫富差距拉大的时候，依旧可以把酒言欢，依旧可以平等交往。也只有这种没有利益索求的友情才能够长久。

南朝梁学者、文学家刘峻写有《广绝交论》一文，批判了五种利益之交。

一曰势交，即追随权贵，阿谀拍马；

二曰贿交，即贪图钱财，不顾名节；

明代仇英绘《高山流水》，表现了俞伯牙和樵夫钟子期君子之交的故事

三曰谈交，即倾慕名士，附庸风雅；

四曰穷交，与落魄失意之人暂时苟合；

五曰量交，即凡事再三权衡，只求自利。

这"五交"犹如街市上做买卖的商贩，有利则成交，无利各自散去。

隋朝教育家王通在《文中子》中说："君子先择而后交，小人先交而后择。故君子寡尤，小人多怨。"清末重臣曾国藩也说过："一生之成败，皆关乎朋友之贤否，不可不慎也。"选择朋友，关乎一生得失成败，必须择优而交、择善而交。

送人不送扇，送扇无相见

在远古时期，夏季炎热，古人用植物的叶子或禽兽的羽毛，进行简单加工，做成扇子，用来遮挡太阳和扇风，故扇子有"障日"之称。扇子经数千年沿革演变，如今已发展成为有几百个品种的扇子家族。

在二十世纪电扇和空调还没有大面积普及的时代，炎炎夏日，人们多会拿一把蒲扇扇风驱除暑热。扇子只有夏天使用，一到秋天，天气凉爽了，人们就把扇子搁置起来，就像绝情地把扇子抛弃一般，所以民间有一种说法，在人际交往中是不能送人扇子的。

送礼的目的，自然是希望接收礼物的一方感受到自己的心意，但如果因为不懂送礼中的禁忌习俗，触犯了某些忌讳，就会适得其反。

这里再列举一些不宜作为礼物赠送的物品：

清代《胤禛行乐图》中胤禛执扇的画面

（1）伞

"伞"音同"散"，送伞意味着盼望与对方离散，对方会不高兴。

（2）钟表

"钟"与"终"谐音，"表"与"婊"同音；特别是"送钟"更会让老人们联想到"送终"，很不吉利。

（3）梨

水果是走亲访友时最常见的礼物之一，但有些水果不宜当作礼物，尤其是梨，因为"梨"与"离"谐音，还有就是在夫妻、恋人之间，不能分梨吃，因为分梨谐音是"分离"。

（4）镜子

"镜子"与"禁子"谐音，且镜子易破易碎，也属于送礼的忌讳之物。

（5）鞋

"鞋"与"邪"同音，而且鞋被踩在脚下，除了自己的家人，一般不要给别人送鞋。

（6）刀、剑等利器

刀剑等利器，容易伤人，且俗话有"一刀两断"之说，用于送人恐有割断关系的意思，所以一般不作为礼品送人。

（7）帽子

俗话中有"愁帽子"之说，老人去世孝子要头戴孝帽，所以忌讳将帽子送给别人。

（8）菊花

菊花常用于纪念逝者，不可作为礼物相送。

（9）蜡烛

蜡烛在过去是祭奠亡人用的，因此，尽量不要作为礼物送人。

（10）布娃娃

布娃娃属于小人，民间认为布娃娃会带来邪气，因此不能送人。

民间送礼的禁忌还有很多，这里不一一列举。总之，不会送礼或者送礼不当，会招致对方的厌烦，所以要注意因人、因事、因地、施礼。

礼品的选择，要针对不同的受礼对象区别对待。一般说来，对家贫者，以实惠为佳；对富裕者，以精巧为佳；对恋人、爱人、情人，以纪念性为佳；对朋友，以趣味性为佳；对老人，以实用为佳；对孩子，以启智新颖为佳；对外宾，以特色为佳。

趣味链接：

团　扇

扇子起源于中国，最早出现在殷商时期，用五颜六色的野鸡毛制成，称为"障扇"，供帝王外出巡视时遮阳挡风避沙之用。

先秦时期的扇子多用竹片或羽毛制作，较为笨重。到了汉代，随着丝织业开始发展，先是出现了"纨扇"，因用洁白的细绢制成，故又称作"绢扇"。

古代文人在书房画扇面的场景

制作材料除了绢，也可用绫、罗、纱等丝织品，因其"团团如明月"，故称作"团扇"。

魏晋时期，新颖的绢制团扇在公卿大臣、嫔妃宫娥中广泛使用，并且价格较高。为节制奢侈，晋孝武帝曾下诏禁用绢扇，然禁之不绝。唐宋时，团扇种类繁多，有罗扇、绢扇、续扇、碧纱扇、蝉翼扇等；形制则有圆形、长圆形、六角形、葵花形、海棠形、梅花形等，但大多是长圆形。团扇制作的工艺也极为精细，制作扇柄的用料也十分讲究，多用雕漆、白骨、象牙、名竹等。

清末费以耕画作中拿扇子的女子

两宋时期，书扇、画扇、卖扇、藏扇、玩扇的风气愈来愈盛，且出现了专职的画商和字铺。

从元代起，在团扇上绘画题书的情景开始减少，在扇上作书画多见于折扇。到了明代，团扇渐渐变成女性的专用之物，正规的场合，男人开始改用折扇。清代咸丰时，团扇重新兴起，并在清末时活跃于书画家的案头，团扇再度成为在贵族女子间流行的物品。

团扇在古代除了是简单的纳凉工具，还具有丰富的人文象征意义。古代有"文不离扇，武不离刀"之说，文人士大夫持扇指点江山，谈古论今，更添几分雅风文气。小巧精致的团扇，也是古代淑女最好的装饰品。闺阁仕女手摇团扇，可以平添主人娴雅文静的仪态，因而深受妇女的喜爱，并由此盛行不衰。

打人不打脸，骂人不揭短

"打人不打脸，骂人不揭短"，意思是说即使双方发生矛盾，动手动脚了，但脸是万万打不得的；骂人无好语，但揭短是最令人难以容忍的。

"打人不打脸"，脸是人体的薄弱部位，也代表着一个人的脸面。为人处世，要有方寸，切忌一时冲动。双方有矛盾，发生争执，大吵大闹的时候，事情还不算严重，但是如果动手打人尤其是打脸，事情就会恶化。

"骂人不揭短"中的"短"是指人的"短处"，即人在生理、行为、思想等方面的缺陷、不足，或者是曾经有过的毛病、说错的话，做过的错事、见不得人的事、

清代画作中展现的刘备的形象

丢人的事，等等。这些"短处"是对方深藏心里、讳莫如深的，如果当众"揭短"，就会激怒对方，在冲动之下，会引发更严重的后果。

"打人不打脸，骂人不揭短"是一条约定俗成的处世原则，要求人们无论做什么事情，都要给人留点余地，不要逼人太甚。《菜根谭》说："不揭他人之短，不探他人之秘，不思他人之旧过，则可以此养德疏害。"实际上是对"打人不打脸，骂人不揭短"的很好注解。清末名臣曾国藩也说："予人一分面子，人必予两分面子。伤人一分面子，人必损十分面子。为人处世，面子不可不慎。"

每个人都有缺陷，拿对方的缺陷开玩笑，可能引起严重的后果。尤其在争吵时，双方在众人面前互相揭短，将各自的缺点暴露在大庭广众之下，对哪一方来说都不是什么好事。尊重他人就是尊重自己，不"哪壶不开提哪壶"，才能避免祸从口出。

趣味链接：

"衣冠禽兽"的本义

清代一品仙鹤图补子

"衣冠禽兽"出自明代陈汝元《金莲记·构衅》："人人骂我做衣冠禽兽，个个识我是文物穿窬。"这个成语常用来指道德败坏的人，说他们徒有人的外表，行为却如同禽兽。

其实，"衣冠禽兽"的本意不是骂人，也不是形容一个人道德败坏，而是用于称赞、赞美他人。

据史料记载，"衣冠禽兽"来源于明朝官员的服饰。明朝建国，开国皇帝朱元璋出台了很多新政新举，其中一个就是统一文武百官衣服上的纹饰，为了明确区分文武官员和品级，便做了如下规定：

清代六品文官鹭鸶补子

文官官服绣禽，武将官服绘兽。文官一品绯袍，绣仙鹤；二品绯袍，绣锦鸡；三品绯袍，绣孔雀；四品绯袍，绣云雁；五品青袍，绣白鹇；六品青袍，绣鹭鸶；七品青袍，绣溪敕；八品绿袍，绣黄鹂；九品绿袍，绣鹌鹑。武将一品绘麒麟，二品绯袍，绘狮子；三品绯袍，绘老虎；四品绯袍，绘豹子；五品青袍，绘熊；六品、七品青袍，绘彪；八品绿袍，绘犀牛；九品绿袍，绘海马。

同时，明朝还规定，官员一品至四品穿红袍，五品到七品穿青袍，八品到九品穿绿袍。这样的好处就是，一个官员是文官还是武将，是几品官，一眼就可以看出来。还有一种类似于纠察官之类的官职，官服上画的是"獬豸"，是一种能辨善恶忠奸的猛兽。

所以，在当时，只有文武官员才对应"衣冠禽兽"之说，是以"衣冠禽兽"为荣的。

这种在衣服上绣绘飞禽走兽图案以区分官阶的制度，从朱元璋开始，一直沿用到了清代。

明代中晚期，因某些官员贪赃枉法、为非作歹，仗着自己的权势肆意欺压百姓，百姓就把这些"衣冠禽兽"视为强盗悍匪。从那时起，"衣冠禽兽"一语开始有了贬义。清代以后，"衣冠禽兽"一语逐渐广泛用作贬义，并一直沿用到今天。

管闲事，落不是

"管闲事，落不是"是告诫人们，在人际交往中，不要去管跟自己不相关

清末官员审案的场景

的闲事，以免得罪人，受人责怪。"闲事"主要有两方面，一是与自己无关的事，比如他人的是是非非；二是力所不能及的事情。每个人生活的环境不同，解决问题的方式也不同。随便管闲事，等于"入侵"了别人的生活，甚至会影响事态的发展。

助人为乐是好事，但一定要谨慎考虑，谨慎行事。不分黑白对错、不辨真假善恶的"多管闲事"，不但不利于事情的解决，甚至有可能产生相反的效果。

曾国藩对于管闲事就有自己的见解。曾国藩的父亲好管闲事，曾国藩在家书中这样劝父亲："我家既为乡绅，万不可入署说公事，致为官长所鄙薄。即本家有事，情愿吃亏，万不可与人构讼，令官长疑为以势凌人。"

曾国藩的弟弟也爱管闲事，曾国藩也多次写信批评他、教育他。

在曾国藩的劝诫下，曾家人很少管闲事，因此家族的名誉一直很好。

清代书画家、文学家郑板桥在《赠君谋父子》中写道："多读书开眼界，少管闲事养精神。"情商越高的人，越懂得少管闲事。有人戏言："世间不过两件事——关你什么事和关我什么事。"如果我们能领悟并灵活运用这句话，可以妥善处理人生中的很多事。

宁失江山，不失约会

"宁失江山，不失约会"，意思是说宁愿失去整个国家，也不失约。整个国家肯定比约会重要，但是宁愿不要江山社稷，也要去赴约，这是一种类比，是强调约会守时的重要性。约会准时，也是一种非常重要的交际礼仪。

守时不仅体现出一个人的处世规范，更能体现出一个人的道德修养。拜会、会见、会谈等活动应准时到达；特别正式、隆重的大型宴会千万不可迟到；参加会议或出席文艺晚会等，应提前到达。如果感觉要迟到了，应提前打电话或者发微信告诉对方，真诚地表达歉意，并告知还有多久会到。

需要说明的是，交际往来，准时只是下限，早一点到才更显礼貌。

清代画作中表现的花园约会的场景

一言既出，驷马难追

"一言既出，驷马难追"中的"驷"，在古代指套着四匹马的车，也指同驾一辆车的四匹马。"一言既出，驷马难追"的意思是，一句话说出了口，就是套四匹马的车也追不回，形容话说出之后，无法再收回。《论语·颜渊》中说："夫子之说君子也，

唐代画作中展现的君王乘坐驷马车出行的场景

驷不及舌。"《邓析子·转辞》说:"一言而非,驷马不能追;一言而急,驷马不能及。"以上都是强调说话要算数,不能反悔。

"一言既出,驷马难追"也用于强调人际交往中要守时、守信,不能违约,同样的词语还有"一言九鼎"。

趣味链接:

一言九鼎

宋代马麟所绘禹王像

"鼎"最初是古人煮东西用的一种炊具,有圆形的,也有方形的,圆形三足,方形四足。成语"一言九鼎"中为什么是"九鼎"呢?传说大禹当年治理黄河水患,后来继承舜的帝位,把全国划分为九州,并规定了各州每年应该向夏都阳城纳贡的任务,其中就有铜。后来九州贡献的铜越来越多,大禹为每个州铸造了一只大鼎,铸好的九只鼎全部运到了夏都阳城。各方诸侯到夏都朝见大禹时,都要对九只大鼎进行礼拜,九鼎也就逐渐被赋予了越来越多的象征意义。

首先,它象征着国家政权,象征着九州天下;其次,它象征着天下一统昌盛,象征着夏王为九州共主;最后,它象征了天命所在,王权至高无上。从此以后,九鼎成为夏朝最重要的礼器。

大禹铸这九只鼎是为了取信于诸侯。所以,后人就用"一言九鼎"这个成语来形容一个人说话分量重,抵得上九只鼎重。用在现在,就是强调人际交往要遵守诚实守信的基本礼仪。

相逢好似初相识，到老终无怨恨心

"相逢好似初相识，到老终无怨恨心"出自《增广贤文》，意思是说，人和人之间的交往，每次相逢应该像初次见面时一样有礼貌，互相尊敬，这样即使到老，对方都不会对你产生怨恨之心。

人际交往中，尤其是初次见面时，一般都希望能给对方留下好印象，所以都尽量做到有礼有节。等认识的时间长了，就会变得随便起来，容易马虎怠慢，甚至会导致双方的关系破裂。"相逢好似初相识，到老终无怨恨心"就

吴毂祥（1848—1903）绘《秋山访友图》

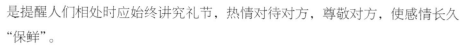

是提醒人们相处时应始终讲究礼节，热情对待对方，尊敬对方，使感情长久"保鲜"。

从另一个意义上讲，无论是对古人，还是对现代人来说，每一段感情都来之不易。有时，一段关系的终结，并不是因为反目，或是有分歧，而是因为岁月变迁，加上彼此的成长轨迹发生变化而冲淡了情感。

英国和荷兰的研究者发现，朋友之间情感的保质期是18个月，如果一个人在过去18个月里都没有跟某个朋友吃过一顿饭，或者看过一场电影，这个人在对方的朋友圈里的位置或许就已经被其他人取代了。

所以，我们要学会经营感情。"交人交心，浇树浇根"，与人交往的过程中始终真诚以对，才能交到真正的朋友，也才能使友谊的"保质期"更加长久。

为什么过去会有这样的说法呢？原因其实很简单。

首先，"感情"也有"保质期"。

两个陌生人刚开始接触，彼此都会将自己最好的一面展现给对方，就是所谓的"蜜月期"或者"新鲜期"。一旦过了这个时期，新鲜感就会逐渐下降，彼此之间的关系就逐渐淡化、疏远。随着时间流逝，年岁渐长，蓦然回首时才发现，有太多的人早已淡出了我们的朋友圈。古人正是因为有过这样的情感经历，才会有这样的话语告诫后人。

俗话说"交人交心，浇树浇根"，给树浇水，要浇到深入树根的地方才有用。与人交往也是一样，要真诚以对，才能交到真正的朋友。

趣味链接：

交浅不可言深，交深不可言浅

"交浅不可言深，交深不可言浅"，意思是说，对于交情浅的人，不可以与之交谈过多；对于交情深的，尤其是知心朋友，则应坦诚相见。

《后汉书·崔骃传》有言："骃闻，交浅而言深者，愚也。"宋代文学家苏

清代孙温画作中展现的《红楼梦》中清代文人聚会的画面

轼曾在《上神宗皇帝书》上说："交浅言深，君子所戒。"以上都在强调，对交往不深的朋友，不可畅所欲言，也不宜把自己的心事直言相告，否则，会给自己带来麻烦甚至祸患。

俗话说"独处时守心，群处时守嘴"，话说出口之前，你是它的主人，说出口之后，就是它的奴隶。生活中，一些懂得人情世故的人，说任何事情的时候，只会讲出自己想法的三分，保留剩下的七分，这不是虚伪，而是一种保护自己的方式。

很多年轻人刚进入社会时，急于和他人建立起良好的关系，就容易犯下"交浅言深"的错误。初次见面就将自己的隐私毫无遮掩地如数分享，以为和对方能成为好友，殊不知会适得其反，对方会认为这个人不成熟，会对这个人产生抵触心理。

交深不可言浅，是说朋友之间交往，对方有事情求教或者请托，不能敷衍了事，说场面话，否则容易引起朋友的反感，疏远这份感情。真是交心的好友，有些事要尽力去帮，而不要保留太多。

一个人的教养、情商的高低，往往就体现在人际交往的分寸感上。交浅不言深，交深不言浅，这种交往礼仪既是对他人的尊重，也是一场自我的修行。

清代沈韶画作中展现的文人聚会的场景

一人不说两面话，人前不讨两面光

"一人不说两面话，人前不讨两面光"，意思是做人要有原则和信条，人前和人后都一样，不能说前后矛盾的话，表面一套背地一套。例如，在张三面前说张三好，李四不好；在李四面前说李四好，张三不好，这样看上去是两面讨好，但是一旦被双方知道真相，就会落得人人"敬而远之"的后果。

生活中，做事世故圆滑的人很多，因为大家都不想得罪人。交往中，一些必要的变通技巧，有助于加深感情，促进事情的解决，但是过于世故圆滑的人，总是说一套做一套，人前一套人后一套，这样的人，是万万不可深交的。

真正成熟的交往礼仪，不是世故，不是圆滑，而是"知世故而不世故，历圆滑而留天真"，和人、和事打交道的过程中，一定要把握好这个尺度。

趣味链接：
来说是非者，便是是非人

"来说是非者，便是是非人"的意思是，前来说东道西、挑拨是非的人，就是惹是生非的人。这种人，会在我们面前说别人的是非，将来也会在别人那里说我们的是非。对待这种"是非人"，一定要远离，不听不说不上当。

古人山中闲居图

明代仇英所绘《古人对弈图》

　　在封建时代，很多家庭都是一大家子住在一起，因为人口众多，就要由德高望重的长辈做领导者，整个家族事务都要由他做决策。在明朝有一个读书人叫郑濂，他家七代同堂，共千余人，家庭和睦。明太祖朱元璋非常佩服郑濂，就请教他说："你是用什么方法治理千口之家的？"郑濂回答："不听妇人言"。

　　《朱子治家格言》中也说，"听妇言，乖骨肉，岂是丈夫"，意思是听信家里妇人的言论，而背离了兄弟骨肉之间的亲情，那样还能算是一家之主吗？

在人际交往中，使用频率最高的就是言语。学会听话，分析话里的意思，分辨话的正确与否，分辨讲话人的动机，非常重要。

有一种摆件叫"三不猴"，三只猴子中，第一只猴子用手捂住眼睛，第二只猴子用手捂住耳朵，第三只猴子用手捂住嘴巴，这三只猴子代表的意思是：不看、不听、不说。《增广贤文》中也说："是非终日有，不听自然无。"不听是非，不说是非，才能远离是非。

道不同，不相为谋

"道不同，不相为谋"出自《论语·卫灵公》，意思是志向或主张不同的人，无法共事。

有这样一则故事。东汉时，管宁与华歆二人为同窗好友。有一天，二人同在园中锄草，发现地里有块金子，管宁对金子视而不见，接着干活，但是华歆拾起金子放了一旁。还有一次，二人在读书，有达官显贵乘车路过，管宁不理会，接着读书，而华歆却出门观看，羡慕不已。管宁见华歆与自己志向不同，容易受到诱惑，于是与他割席分坐。自那以后，也不再以华歆为友。

中国著名作家、戏剧家杨绛说过："我们曾如此期盼外界的认可，到最后才知道，世界是自己的，与他人毫无关系。"当所处圈子不同时，不必强融进去，更不要一厢情愿地去迎合别人。将时间浪费在价值观不同的人身上，不如专心做自己喜欢的事情。

趣味链接：

"朋友"与"同志"

《礼记》中说："同门曰朋，同志曰友。""同门"，是在同一个老师门下学习的人，"朋"就是我们现在所说的同学；所谓"同志"，是指志趣相投，能合得来的人，所以"同志曰友"中的"友"，就是我们现在的"朋友"的概念。《礼记》里说的"朋友"，相当于现在的"同学"和"朋友"两个意思的综合。

明代仇英画作中文人郊外聚会的场景

春秋时期，左丘明在《国语·晋语四》中对"同志"一词作了解释："同德则同心，同心则同志。"

在资产阶级民主革命时期，革命党人内部就已互称"同志"。孙中山先生在1918年曾发表《告海内外同志书》和《致南洋同志书》。新中国成立后，"同志"这个称呼成为全国各族人民之间表达亲切和尊敬的称呼。

施人慎勿念，受施慎勿忘

东汉著名书法家、文学家、学者崔瑗写过一段铭文，字数不多，但是流传深远，内容是：

无道人之短，无说己之长。施人慎勿念，受施慎勿忘。

世誉不足慕，唯仁为纪纲。隐心而后动，谤议庸何伤？

无使名过实，守愚圣所藏。在涅贵不淄，暧暧内含光。

柔弱生之徒，老氏诫刚强。硁硁鄙夫介，悠悠故难量。

慎言节饮食，知足胜不祥。行之苟有恒，久久自芬芳。

这段铭文的大意是，不要传播别人的短处，不要夸耀自己的长处。施恩于人不要求回报，接受别人的恩惠不要忘记。不必羡慕大家对某人的称赞，自己守住一颗仁爱的心就够了。行动前先问问自己的内心，即使有人诽谤议论也不要在乎。不要使自己的名声超过自己的能力，学会大智若愚才是良好的修养。如果内心洁白，遇到黑色的污染也不会变色；真正的玉石，虽然表面暗淡，但里面光芒四射。老子说过：柔弱才能长久，刚强容易中途夭折。平庸之人，心比天高，妄想太多，最终会招致灾祸。所以我们要做君子，慎言、节食、知足，避免招致灾祸。如果能坚持这样做，就会少生祸患，人生也能平安吉祥。

崔瑗在《座右铭》中提到了"施人慎勿念，受施慎勿忘"，说的是施恩于他人不要一味想着回报，接受了他人的恩惠则要永远记得。

"施人慎勿念"这种思想可追溯到更久远的战国时期，唐雎在游说信陵君时曾说过："人之有德于我也，不可忘也；吾有德于人也，不可不忘也"，意思是别人对我有恩惠，我不应忘记，我对别人有恩惠，却不应该总是放在心上。《庄子·养生主》中说："为善勿近名"，意思是做善事并不是为了博得好的名声。《庄子·列御寇》中也说："施于人而不忘，非天布也。商贾不齿，虽以事齿之，神者弗齿。"意思是，给别人恩惠，目的不纯，总是忘不了让人给予回报，这不是无私施舍恩惠的态度，这种施恩图报的行为，那些经常图回报的商人都瞧不起，即便有些事情必须与他交往，但内心也是瞧不起这些人的。

清代诗人冯班在《钝吟杂录·家戒》一书中说："为惠而望报，不如勿为，此结怨之道也。"意思是，给予别人恩惠却又希望得到别人报答，还不如什么都不给，否则反而会因此与别人结下怨恨。

《菜根谭》中也讲："为善而急人知，善知即是恶根"，意思是，做了一点善事就急着让人知道，这说明他做善事只是为了贪图虚名的赞誉，怀着个人目的去做善事，本身就不是善人。

受人恩惠，心生感恩，是人之常情。但维系这种感情有一个条件，就是施恩者对受恩者有足够的尊重。

"受施慎勿忘"，是说得到别人帮助，不能忘记，有机会就应该报答，俗话说"滴水之恩，涌泉相报"，在自己的能力范围之内，能报恩的事情也要尽力去做。

清代任颐（1840—1895）绘《雪中送炭》图

第五章 仪态仪表——周旋循规矩，进退守恭敬

仪表、仪态是一个人修养的表现，中国传统道德礼仪主张一举一动都要有式有度。

《晏子春秋》说："凡人之所以贵于禽兽者，以有礼也。"

古人对仪表的要求主要表现在三个方面。

首先是衣着容貌。《弟子规》中对这一点明确提出了要求："冠必正，纽必结，袜与履，俱紧切。"

其次是行为举止。《论语·学而》中说："君子不重则不威，学则不固"，君子举止不庄重，就没有威严，即使读书，学习的知识也不会牢固。具体来说，就是站要正，坐要稳，在公共场合举止不可轻浮，应该庄重、谨慎而从容，处处合乎礼仪规范。《礼记·曲礼》中规定："毋侧听，毋嗷应，毋淫视，毋怠荒……"，意思是不要侧着身子听别人讲话，应答不要高声呼喊，眼睛不要流转斜视，走路不要趾高气扬……应"站如松，坐如钟，行如风，卧如弓"，站有站相、坐有坐相、走有走相、睡有睡相。

最后是言语辞令。《论语·子路》中说："言必信，行必果"，提示人们要慎言。孔子说："可与言而不与之言，失人；不可与言而与之言，失言。知者不失人，亦不失言"，该不该说，说些什么，都应谨慎小心，视具体情况而定。

如今，虽然时代不同了，但古人对仪容仪表的重视及要求，仍值得今人借鉴。

人靠衣装马靠鞍

俗话说，"人靠衣装马靠鞍"。明末清初著名戏曲家沈自晋在《望湖亭记》中也写道："虽然如此，佛靠金装，人靠衣装，打扮也是很要紧的。""佛要金装，人靠衣装"大意是说，佛有至高无上的地位，人人尊敬他，但佛像若不镀一层黄金，显得金光闪闪，高大威严，香火就要差得多；人若穿得破烂，自然被人看不起，所以要注重穿着打扮。

"人靠衣装马靠鞍"的意思是人要漂亮，有威严、有气度，主要是靠华美的衣服撑起来；马要看起来威风，主要是靠马背上的漂亮鞍子。这句话旨在说明门面功夫很重要。

清代画作中端庄的大家闺秀形象

就衣着打扮而言，古人讲究冠正仪整，容颜庄肃。《论语·尧曰》中说："君子正其衣冠，尊其瞻视，俨然人望而畏之，斯不亦威而不猛乎？"这是孔子对君子的外在形象提出的要求，首先应该衣帽齐整，再就是注意看事物时目光要正。这样一种庄重严肃的仪态，会让人生出敬畏之心，显得有威严但又不凶猛。

古人对衣着仪表十分重视，还作了许多详细规定：穿衣要使衣服挺直，结系束捆处应紧正无偏，上自发髻，下及鞋履，应加意修整，使之与容仪相称。

现代社会，人们之间交往日益频繁，以何种仪表仪容去与他人接触，已成为比较重要的问题，适当的修饰与装扮，不仅体现一个人的身份与气质，展示一个人的个性与风度，也是对他人的一种尊重。

　　但是，修饰与装扮不是指浓妆艳抹，更不是名牌加身，古人的要求是容貌、服饰必须是以美德为根基，《闺训千字文》中说："心怀浑厚，面露和平。裙衫洁净，何必绸绫。梳妆谨慎，脂粉休浓。"内心宽厚，心平气和，衣服干净，不必一定是贵重的衣物。淡妆素抹也很美，没必要浓妆艳抹，打扮得太过分。

趣味链接：
古代的衣裳制度

　　《易经·系辞》中说："黄帝尧舜垂衣裳而天下治。"《白虎通义·衣裳》中记载："太古之时，衣皮韦，能覆前而不能覆后。"

　　在我国古代传说中，有黄帝的元妃螺祖西陵氏教民养蚕的说法。《禹贡》中也有贡丝的记载。在目前已有的考古资料中，殷商时期已有丝织物，甲骨文中也有衣、裳、帛等象形文字，可证实那时服饰的材料及形制已丰富起来。从先秦时期开始，我国逐渐形成了比较完备的衣裳制度。这种衣裳制度可以分为上衣下裳和衣裳连体两种基本形制。

　　上衣下裳，上衣一般由领、衣襟、后身、衣袖、腰带等部分构成。下裳即裙子，上古男女都用裙，后来，裙逐渐成为女子的专用服饰。

　　上下连裳的服制也称为"深衣制"。所谓"深衣"，指古代上衣、下裳相连缀的一种服装，为古代诸侯、大夫、文士家居常穿的衣服，也是庶人的常用礼服。唐朝孔颖达在其所著的《五经正义》中是这样解释的："深衣，衣裳相连，被体深邃，故谓之深衣。"

　　深衣由以下几部分组成：

　　襟：指衣的前幅。

　　交领右衽：交指汉服标准的领口式样，右衽指领子系向身体右边。方向不可以相反，左衽为异族或死者所穿衣服的样式。

明末画家崔子忠画作中展现的少数民族出游的场景

祛：袖口。

裳：裙子。

曲裾：由服装环绕形成的裙子样式。

深衣是一种非常实用的服饰，既可作为常服也可作为礼服，作为礼服的正规性仅次于衣裳制礼服；上至天子，下至庶人，不论男女文武，都可穿着深衣。

深衣在三千年的衣冠史中一直延续到衣冠制度的断绝。

今天女性所穿的连衣裙，也是由古代的深衣发展而来。

冠必正，纽必结

"冠必正，纽必结；袜与履，俱紧切。"出自《弟子规》，意思是帽子要戴端正，衣服纽扣要扣好；袜子要穿平整，鞋带应系紧。

《礼记·问丧》中说："冠，至尊也。"在古人的观念中，"冠"与荣誉和尊严有关。接待客人"不冠不见"，以示对来者的尊敬；现身任何正式场合，更是无不对镜正冠。

《礼记·冠义》中说："礼仪之始，在于正容体、齐颜色、顺辞令。"意思是说，礼是从端正容貌和服饰开始的。一个有良好修养的人，一定体态端正、服饰整洁、表情庄敬、言辞得体。

《魏书·封轨传》中说："君子正其衣冠，尊其瞻视，何必蓬头垢面，然后为贤？"意思是说，君子须让自己衣冠端正，让自己颜面干净，何必故意蓬头垢面不修边幅，才觉得可以成为贤人呢？

在古代，学生开学仪式的第一课即是"正衣冠"。古人认为，"先正衣冠，后明事理"，注重仪容整洁，是人生第一课。古代学生入学时，新生要站好，由教书先生依次帮学生整理好衣冠，排着队到学堂前集合，然后，才能在教书先生的带领下进入学堂。

阎立本（601—673）绘《步辇图》中戴幞头的人物

"冠必正，纽必结"的规范，对现代人来说仍是必要的。衣帽整齐，干净整洁，是仪表修养的基本要求。

趣味链接：
敬冠事所以重礼

《礼记》中说："夫礼，始于冠""……已冠而字之，成人之道也，男子行冠礼，女子行笄礼。"在古代，男子满二十岁，女子满十五岁时，家族中将为其举办一场盛大的成人礼仪式，男子的成人礼称冠礼，女子的成人礼为笄礼。

（1）冠礼

《礼记》中说："冠者，礼之始也"，冠礼是中国古代最重要的礼仪之一。冠礼实行于周代，按周制，男子二十岁行冠礼，然而天子诸侯为早日执掌国政，多提早行礼。传说周文王十二岁而冠，周成王十五岁而冠。后世因时因地而有变化，民间自十五岁至二十岁举行，各地不一。清中期以后，多移至娶妻前数日或前一日举行。古代的冠礼局限于贵族子弟，平民百姓无缘经历。

冠礼有一定的程序。《礼记·冠义》上说："古者冠礼，筮日筮宾，所以敬冠事。"即通过求神问卦，确定日期和嘉宾，借助神威使冠礼变得庄严肃穆。加冠之日，受冠者之父事先在其祖庙设置受冠者席。作为冠礼的主人（受冠者的父亲），要提前三天通知各位同僚、朋友，邀请他们届时前来观礼。这一仪节称为"戒宾"，"戒"是"告知""通报"的意思。加冠仪式开始时，由"吉宾"（一般是受冠者之父的同僚、朋友）给受冠者加冠。加冠共进行三次。第一次加的是缁布冠，第二次加的是皮弁，第三次加的是爵弁。"弁"是古代贵族的一种帽子，"皮弁"是用白鹿皮做的，是武冠；"爵弁"是用赤黑色的布做的，是文冠。

加缁布冠，意味着有治权；加皮牟，意味着有兵权；加爵弁，意味着有祭祀权。

加冠之后，接着进行的是"取字"和"拜会"。根据古礼，孩子出生三个月后，由其父亲取名，举行冠礼后，才由加冠吉宾为其取字。

"拜会"是冠礼结束前的一个重要仪式，程序是先拜见其母亲和兄弟姑姊，再拜见其他重要人物。

先秦乃至秦汉时期，冠礼具有重要地位，只有举行了冠礼，才会被看作成人，否则，就会被视为孩童。两汉时期，桑蚕业和纺织业的飞速发展，人们的服饰更加丰富多样化，这时候出现了各种各样的冠，如通天冠、长冠、进贤冠、武冠、高山冠等。这时的冠礼，对人们的服饰和冠也有严格的规定。

魏晋南北朝时期，社会动荡，对礼学的重视程度不断下降，冠礼也随之被漠视，甚至一度废而不行。

隋唐时期，国家统一，社会安定，礼学重新受到重视，各种礼仪开始复兴，统治阶级也把贵族和平民的礼服完全区分开来，同时也对礼服做出

东晋顾恺之（348—409）所绘《洛神赋图》中的人物高冠博带

了修改，使其实用性更高。但唐代对于冠礼，只是做表面文章，并未落到实处。

宋代时，国家重文轻武，礼学相对得到了发展。司马光在《书仪》中专门规定了冠礼之仪：男子年十二至二十岁，就可以行冠礼。《朱子家礼》则把男子加冠的年龄定在十五至二十岁。

元代时，礼学相对被破坏，当时皇亲贵族不认可冠礼，民间只在小范围流行。

明代时，对于礼学的研究也不多。但在民间，各种礼仪有所复兴，冠礼也迎来了一次大规模复兴。

清代，满族入关，冠礼制度渐渐被遗忘。

五四时期，人们学习西方礼仪，冠礼之仪不再被提及。

民国时期，传统文化有所复兴，但一般平民百姓对冠礼知之甚少，人们对冠礼的研究也就少了。

（2）笄礼

《礼记·曲礼》中说："女子许嫁，笄而字。"古代，女子十五岁以后，就可以许嫁、行笄礼了。未行笄礼的姑娘，不能嫁人。

受笄即在行笄礼时改变幼年的发式，将头发绾成一个髻，然后用一块黑布将发髻包住，随即以簪插定发髻。笄指簪子，笄是发簪家族的鼻祖，后来的簪、钗等皆是在笄的基础上发展而来。

《礼记·内则》中说："十有五年而笄，二十而嫁。"东汉时期郑玄为《礼仪》做注释时说："其未许嫁，二十则笄。"笄礼一般在女孩子十五岁时举行，如果女子一直待嫁，未许人家，则年至二十也可以行笄礼。

主行笄礼者为女性家长，由约请的女宾为少女加笄，表示女子成年可以结婚。贵族女子受笄后，一般要接受成人教育，学习一些三从四德、待人接物、侍奉舅姑、女红劳作等规范和本领。后来改为由少女之母念一些"戒辞"，教之以礼，称为"教茶"。

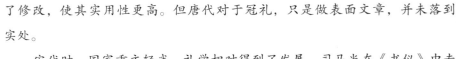

老话说得好
——不可不知的礼仪常识

站有站相，坐有坐相

2019 年 3 月，中国青年报社进行过一项调查，询问受访者最熟悉的老规矩，结果大多数人认为，在老规矩中，"站有站相、坐有坐相"这一条对自己的影响最大。

《礼记·曲礼》中规定："立不正方，不倾听"，意思是要恭恭敬敬地细心听取别人的话，不得歪头听左右人说话。这就是要求人要站有站相，站为静态的动作，应当身体直立，颈项向上抬起，收腹挺胸，两臂自然下垂，这样才能给人一种挺拔笔直、舒展俊美的美好印象。现代的标准站姿要求"站如松"，采取这种站姿，会使人看起来稳重、大方、俊美、挺拔。

《礼记·曲礼》中，古人对"站立"的要求还有很多：

"游毋倨，立毋跛；坐毋箕，寝毋伏。"意思是游走时不可表现出傲慢的样子，站立时不可有一脚歪斜，坐着时不可双腿大开像簸箕，睡觉时不可趴着睡。

"室中不翔，并坐不横肱。授立不跪，授坐不立。"意思是在室内走路不能双臂张开，和别人坐在一起不要横起胳膊。给予别人东西时，对方站着就不用跪着；对方坐着就不宜站起来。

"将即席，容毋怍，两手抠衣去齐尺。衣毋拨，足毋蹶。"意思是将走近就座的席位时，面色要保持不变，用两手提起衣裳，使衣裳下摆离地一尺。衣裳不要掀动，脚步不能显得急促。

汉代贾谊在其著作《新书·容经》中将站姿分为四类，分别为经立、共（恭）立、肃立和卑立："体不摇肘曰经立，因以微磬曰共立，因以磬折曰肃立，因以垂佩曰卑立。"两足可并拢、也可微微分开至肩宽，面容端重，衣冠整齐，不左摇右晃，叫作"经立"。

以经立为基础，把身体微微弯折的站姿，叫作"共立"（"共"通"恭"）。

"恭立"，就是恭敬地站立，表示对长者的尊重。《弟子规》中说："路遇长，疾趋揖，长无言，退恭立。"意思是，弟子在路上遇到长辈，要赶快趋步向前行揖礼，长辈没有什么告诫，就应后退恭立。这是一种恭敬。

"肃立"，就是恭敬肃穆地躬身站着，要领是弯腰，而且弯的角度很大，大到用古代的一种打击乐器"磬折"来比照。

"卑立"，是表示谦恭的一种站立姿态。古人腰间常戴玉佩，"卑立"时要让腰间玉佩垂直落下才算合乎标准，身体大致要弯曲呈 90 度。

关于坐姿，也有要求："坐有坐相"。明代方孝孺在《幼仪杂箴》中提到："坐，背直，貌端庄，手拱臆。仰为骄，俯为戚。毋箕以踞，敬以侧。坚若山乃恒德。"汉代贾谊在其著作《新书·容经》中把坐姿分为四类："坐以经立之容，胻不差而足不跌，视平衡曰经坐，微俯视尊者之膝曰共坐，仰首视不出寻常之内曰肃坐，废首低肘曰卑坐。"坐下的时候，身体要挺直，小腿不要伸得一长一短，脚掌不要着地。两眼平视的，称为"经坐"；头微低，目光注视对面尊者的膝盖，叫"恭坐"；低头，视觉应在自身周边不可太远，称为"肃坐"；垂头目光看地，手肘下垂，为"卑坐"。

在现代生活中，坐姿主要是优雅、庄重。两腿叉开，腿在地上抖个不停，就会让人觉得不雅观。尤其是女性，在坐姿上，两个膝盖一定要并起来，腿可以放中间或放一边。男士坐的时候膝部可以分开一点，但不要超过肩宽，也不能两腿叉开，半躺在椅子里。

站有站相，坐有坐相，走路也要有"走相"。俗话说"走相不正心眼歪"，虽然有些偏颇，但是提醒我们，走路也应注意姿势。

《诗经·尔雅》中说："室中谓之时，堂上谓之行，堂下谓之步，门外谓之趋，中庭谓之走，大路谓之奔。"意思是说，在卧室中行走叫作"时"，在厅堂上行走叫作"行"，在厅堂的台阶以下行走叫作"步"，在门外行走叫作"趋"，在庭院中行走叫作"走"，在大路上行走叫作"奔"。

《礼记·曲礼》规定："帷薄之外不趋，堂上不趋，执玉不趋。"东汉末年刘熙在《释名》中解释："缓行曰步，疾行曰趋，疾趋曰走。"可以看出，趋的步伐频率介于走和跑之间，是谨慎地小步快行。在他人面前趋，是尊敬对方的表现。如果自己在帐幕外面，对方在帐幕里头，彼此见不着，自然不必趋。堂上的地方小，不可能趋。手里捧着玉为什么也不趋呢？玉是贵重物品，执之应该小心翼翼，万一身体不稳会把玉摔坏，因此执玉时不可以趋。

《礼记·曲礼》中还规定："堂上接武，堂下布武"，"武"即足迹。堂上地方小，宜小步走，"接武"，即一个脚印挨着一个脚印，不要大步。"布"即分布，"布武"即脚印不相连接，也就是放开大步走。意思就是朝堂之上碎步走，堂下大步走。

古人不仅讲究步伐大小，还讲究步行之美。《礼记·玉藻》中说："疾趋则欲发，而手足毋移。"意思是平时行走时，直行则可以快步走，但是身体不能一摇一摆，因为按照礼节的要求，手肘是不能摇的，脚步是要平直的。

南朝梁时期，周兴嗣所著《千字文》中规定："矩步引领，俯仰廊庙，束带矜庄，徘徊瞻眺。"是说走路要抬头挺胸，目视前方，穿戴整齐，如同在朝廷中祭拜一样庄重。

明代文官站立像

古代常常以右位、前位为尊，故而在道路上行走，男子多右行，女子则左行；与长辈出行，小辈在后随从，不可走在前头；与平辈朋友出行，须谦让并行，不得超速领先。

就现代而言，走路时也要遵守一定的礼仪，例如：

一个人行走时，要靠右侧行走，将左侧留给急行的人，乘坐滚梯时也是这样。

两个人一起行走，行走的规则是以右为尊，以前为尊。如果三人同行，都是男性或都是女性，那么以中间的位置为尊，右边次之，然后是左边。

一位男士和两位女士同行，那么男士应该在最左边的位置；如果是一位女士和两位男士同行，则女士在中间。多人一起行走时，以前为尊，按照此原则向后排序。

在室外行走，应该请受尊重的人走在马路的里侧。

在道路上行走，不能三人以上并排，以免妨碍其他的行人和车辆通行。

到达电梯口、车门口或房门口时，男性应该快走两步为女士开门。

男士在行走时，上身基本保持站立的标准姿势，挺胸收腹，腰背笔直；两臂以身体为中心，前后自然摆。

女士走路时，上半身不要过于晃动，要不疾不缓，手部应在身体两侧自然摇摆，幅度不宜过大。

趣味链接：

最早的"床"

床是现代家庭普遍使用之物，但原始先民最初过着"地作炕"的生活。在新石器时代房屋遗址中，发现了一些略高于地面的、土质较硬的人工土堆，其长度比人稍长或近似，这或许是当时的"床"。原始社会，人们生活简陋，睡觉只是铺垫植物枝或兽皮等，掌握了编织技术后就铺垫席子。

到了西汉后期，出现了"榻"这个名称，如今人们习惯上称"床榻"。当

元代刘贯道绘《消夏图》中古人躺在床上休息的画面

时的床在生活中常被古人作为一种搬运方便、可提供临时休息的家具大量使用。人们看书写字、宴饮小食，则置几案于床上，用时则设，用毕撤除。这个时期，家中来客主要人物坐于床榻上，余者则席地而坐。

在唐代，桌、椅出现，人们生活饮食等可以就桌而坐，床榻也渐渐变成专供睡卧休息的家具。

明代黄花梨架子床

宋代，床榻大多无围子。诗人陆游有诗云："移灯近床榻，听雨落阶除。"诗句里的"床榻"就是指的古人睡觉用的家具。

辽、金、元时期，三面或四面围栏床榻开始出现，做工及用材都开始有所讲究。

明代是我国传统家具发展的一个高峰期，此时的床榻结构更加科学，雕刻和装饰手法已经达到很高的工艺水平，出现了"架子床""拔步床""罗汉床"等。

清代，床榻基本保持了明代的风格和特点，变化的是用料和工艺，如用材越来越厚实，装饰越来越华丽。

民国时期，床榻工艺衰弱，样式主要是继承清代。

如今，床是作为睡眠家具使用，以舒适简单为主。

寝不尸，居不客

"寝不尸，居不客"出自《论语》，大意是睡觉时不直挺着四肢仰卧；居家时，不像接见客人或者自己做客人时那样严肃。《论语注疏》中解释，这是孔子寝息居家之礼。

仰面睡觉，在古人看来就如横尸一样，十分不吉利。平躺着睡觉除了会打呼噜，还会因为双手交叉放在胸前压迫到心脏，增加心脏负担，严重时甚至导致窒息情况的发生。佛教既不赞成仰卧睡觉，也不赞成俯卧睡觉，而是提倡向右侧"吉祥卧"（是佛教的一种修行姿势，意即朝右侧卧躺），因为右侧卧有益心脏，呼吸也能顺畅。向左侧卧就不行，会压迫心脏。

古代睡觉时要注意的礼仪还有：

（1）卧不覆首

卧不覆首，源于《千金要方》，原文是："冬夜不覆其头，得长寿"，意思是睡觉的时候不能用被子盖住头。睡觉的时候，长期呼吸不到新鲜的空气，头部便会缺氧，第二天便会萎靡不振，没有精神，所以睡觉时，不要将被子盖住头睡觉。

（2）眠不北向

眠不北向，出自《老老恒言》，原文是："首勿北卧，谓避阴气"，《千金要方》中也说："头勿北卧，及墙北亦勿安床。"意思是睡觉的时候头不要冲着北边。在古代，农村中的房子多是坐北朝南，北面因为长年不得阳

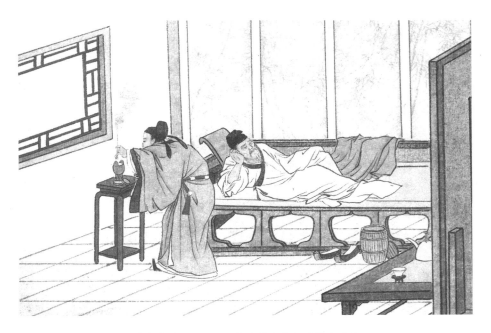

陈少梅（1909—1954）画作中古人睡觉的画面

光照射便会变得很阴冷，尤其是在冬天，如果头部冲着北面睡觉，容易生病。

"居不客"说的是人在家里不用那么讲究规范，可以随意一点。居家生活，既要讲礼仪，也要讲舒适。正式场合与非正式场合是要区分开的，该正襟危坐时不可马虎，该自由随便时也不要做作。

"居不客"还有一种说法是"居不容"。宋朝著名的理学家、思想家朱熹在《四书章句》中说："居，居家。容，容仪。"大意是说，居家不用保持容仪庄重。

趣味链接：

"死"的别称

在中国，对人死这种现象通常用比较含蓄的叫法，不直接说人死了，而是根据死者的身份地位、年龄大小等因素给"死"一个别致的称谓。

（1）按身份等级

古代，称天子死为"崩"或"驾崩"，称诸侯死为"薨"，称大夫死为"卒"，一般官员死称"逝"，士死曰"不禄"，庶人（平民）死曰"死"。

清代，王、公、侯、伯的世爵之死，称为"薨"；有官职、有名望的人死曰"卒"。

（2）按年龄

不满20岁死去曰"殇"，"殇"又分三类：8至11岁为"下殇"，12至15岁为"中殇"，16至19岁为"上殇"。但男子已订婚，女子已许嫁者则不为"殇"。青壮年死谓之"夭亡"，但于讣告上写"疾终"，引魂幡、《荐亡文疏》上均写"云终""告终"。

老年死谓之"寿终"。如系家族最高长辈，男加"正寝"，女加"内寝"字样。

（3）特殊原因死亡

为某事舍命为"殉"；战争中死于阵地者谓之"阵亡"，现作"牺牲"；死于外地谓之"客死"；死于非命谓之"凶死"。

立不中门，行不履阈

"立不中门，行不履阈"出自《论语·乡党》，原文是："入公门，鞠躬如也，如不容。立不中门，行不履阈。过位，色勃如也，足躩如也，其言似不足者。摄齐升堂，鞠躬如也，屏气似不息者。"

这段话的意思是，孔子去往国君的府邸，入门时鞠躬而进，格外小心。他不站在门的正中，脚也不踩门槛。走过君主面前，神色庄重，脚步稍快，声音也会变小。上台阶时，提起衣襟，身体微微前倾，仿佛屏住气息。

这段话记录了孔子参加朝会、出使邻国的礼仪表现，从中可以看出，孔子是一个注重细节的人，他讲究礼仪规范。上面所说的行动的细节，体现了孔子是一个有教养、有修养、懂礼貌的人。

周代，人们注重礼仪，讲究秩序，到了春秋末期，由于社会动荡、诸侯兴起，礼仪渐渐被人们所忽视，孔子对此有些担心，所以他身体力行，注重礼仪，希望借此影响到更多的人，使他们注重礼仪。

"立不中门"是说不站在大门口的中央，以避免阻挡他人的行进；"行不履阈"是说进门不踩门槛。"立不中门，行不履阈"，前者是方便别人行走，后者是尊重、维护别人家的物件。这也是我们日常生活中特别需要注意的，既是一个良好的习惯，又能体现出一个人的教养。

不踩门槛的习俗由来已久。先秦时期，臣子们出入君主的门户时，不能踩着门槛，只能侧身而行。民间传说，门槛具有遮挡污物和避邪的作用，门口横上一道门槛，象征着竖立一道墙，将一切不好的东西挡在门外，特别是把那些鬼怪拒之门外，以保一家人的平安幸福。

佛教中还有一种说法，寺庙的门槛是释迦牟尼的双肩，门槛是神的肩膀，不能践踏。

在古代，客人跨过门槛进入厅堂，需要低下头来看自己的脚步，防止磕碰，这是对主人的尊重。

趣味链接：

门当户对

人们常用"门当户对"来表示男婚女嫁的条件相当。在古代，"门当""户对"原来是两个词，而且都是古代大门建筑中的两个重要组成部分。

"门当"又叫抱鼓石，原本是指在大门前左右两侧放置的石鼓，建筑学上为"门枕石"的一部分，俗称"门礅"，又称"门座""门鼓"，老百姓认为能避邪，所以民间广泛用石鼓代替"门当"。如果石鼓上面镌刻花卉图案，说明该户人家为经商世家；如果石鼓为素面无花卉图案，则表明此为官宦府第，书香人家。文官的家门两侧用圆形的"门当"，武官的家门两侧用方形的"门当"。

"户对"则是指位于门楣上方或门楣两侧的圆柱形木雕或雕砖——因其总是位于门户之上，而且总是成双数而得名。

"户对"比较典型的为短圆柱形，柱长30厘米左右，与地面平行，与门楣垂直。"户对"的大小与官品职位的高低成正比。古时三品以下官宦人

北京一处民居门楣上的户对和门前的门当

家的门上有两个"户对",三品的有四个,二品的有六个,一品的是八个,只有皇宫才能有九个,取九鼎之尊之意。

一般而言,有门当的宅院必有户对,所以常被合起来并称大门外的门饰。

在古代,门当、户对的大小、数量和所雕图案,都与主人的家境、财势直接相关,是身份和地位的象征。所以,慢慢地,"门当户对"这个成语就作为家庭条件的代称。

笑不露齿,行不露趾

"笑不露齿,行不露趾"出自《女论语》。《女论语》又名《宋若昭女论语》,为唐代有名的才女宋若莘所著,全书分立身章、学作章、学礼章、早起章、事父母章、事舅姑章、事夫章、训男女章、管家章、待客章、和柔章、守节章共十二章,每一章都详细规定了古代女子言行举止和持家处世的事理。

清代宫廷画家焦秉贞所绘端庄的女性形象

清代画作中笑不露齿的仕女

"笑不露齿，行不露趾"一般用来形容女子的仪表修养，《女论语》中说："凡为女子，先学立身。立身之法，惟务清、贞，清则身洁，贞则身荣，行莫回头，语莫掀唇……""语莫掀唇"的意思就是笑不露齿。在古代，"笑不露齿，行不露趾"是女子应该学会的行为礼仪。

除了《女论语》，古代还有很多书籍都对女性的礼仪规范做了规定，比如《礼记》中提到"妇人从人者也，幼从父兄，嫁从夫，夫死从子"，即"三从"；"妇人先嫁三月，教以妇德、妇言、妇容、妇工"，即"四德"。"三从""四德"确立了古代妇女的从属地位。随着社会进步和时代发展，女性的社会地位得到很大提高，"男尊女卑"的思想观念基本不存在了。

男抖穷，女抖贱

"男抖穷，女抖贱"，顾名思义，过去人们认为男子抖腿会把财运抖散，抖腿也被认为是缺乏教养、地位低下的表现，所以老辈人看到自己的子孙抖腿都会严厉批评。"女抖贱"是因为女人抖脚，裸露着脚部，很不雅观。

在古代，一般比较富裕的大户人家，在孩子很小时就会教给他们各种礼节，其中便包括不能抖腿一项。抖腿，尤其是当着客人的面抖腿，是极不礼貌的行为。

关于"男抖穷"还有一个说法：男人老是抖腿，说明他性格不沉稳，做事不靠谱，同时还有一种蔑视别人、不知天高地厚的意味。一旦给身边的人留下这种印象，人们就会敬而远之，这样自然不利于人脉的拓展，更不容易得到别人的帮助，所以事业很难成功。

在古代，女人抖脚和露出脚部，被认为是性格放荡的表现。在古人的观念中，女子就应该温柔贤惠、举止优雅，抖腿这样轻浮的动作是万万不能做的。

汉代韩婴所作的《韩诗外传》记载：孟子妻独居，踞，孟子入户视之，向其母曰："妇无礼，请去之。"这个故事讲的是，一天，孟子回家，进门看到妻子伸开两腿坐在那里，认为她姿态不雅，所以孟子想休了她。后因孟子的母亲干涉，才没休成。

民国广告画中穿旗袍的女性

还有一句老话叫"抖腿耸肩穷三代，手不扶碗霉一生"，意思和"男抖穷，女抖贱"类似。"抖腿耸肩穷三代"是说有事没事就在公共场合抖腿耸肩的人，一般都是纨绔子弟，人们看到这种人，本能地就会生出一种厌恶感，这种人也富不了多久，不会有大出息。"手不扶碗霉一生"说的是古代吃饭时筷子敲动盘碗，是不吉利的"骂天"行为，正常吃饭要右手把筷，左手扶碗，要"以食就口，不以口就食"，如果连碗都不扶，直接上筷子，是对粮食的不尊重，而且吃饭时手不扶碗，容易把碗碰掉。长期这样，会一生都倒霉。虽然这有些迷信色彩，但爱惜粮食的出发点是值得提倡的。

"男抖穷，女抖贱"和"抖腿耸肩穷三代，手不扶碗霉一生"，虽然没有科学依据，但却充分反映了中国人对礼仪文化的重视。

大门不出，二门不迈

"大门不出，二门不迈"说的是古代闺房女子应该具备的修养。在古代，讲规矩的家庭，闺房女子在出嫁之前，是不能随意出门的。

古代富裕人家大多住四合院。大门就是门前用于进出的正门，"二门"指的是垂花门。垂花门是内宅（内院）与外宅（前院）的分界线和唯一通道。垂花门和大门不同，它的设计很独特，两边的檐柱不落地，而是垂吊在屋檐下，类似花蕾的造型。一般在四合院中看到这样造型的门，就代表快进内院了，需要注意相关礼仪了。内院是一家人生活起居的地方，外人一般是不能随便出入的。

按封建传统，主人家的女子一般不出二门，即不轻易离开内宅。内院的普通劳役由女性下人完成。前院的男工杂役非经允许，也不能进二门。

清代孙温画作中女子在花园游玩的场景

趣味链接：

四合院的大门

四合院是以正房、东西厢房围绕中间庭院形成平面布局的传统住宅的统称。在西周时，四合院形式就已初具规模。在清代，山西、陕西、北京、河北的四合院最具代表性。清代，地位等级不同，住宅配置的门的等级也不同，以四合院的大门为例，可分为王府大门、广亮大门、金柱大门、蛮子门、如意门、墙垣式门等。

（1）王府大门

据《大清会典》记载，亲王府大门为五间房，可开启中间的三间，屋顶可覆盖绿色琉璃瓦，屋脊可安吻兽，大门上有63颗门钉；郡王府大门为三间，中间一间开启，门上有门钉45颗。

（2）广亮大门

广亮大门又称"广梁大门"，在等级上仅次于王府大门，高于金柱大门。广亮大门，简单地说就是门的位置设一间房，前后打通，前半间在院外，后半间在院内，中间设一扇门，就是广亮大门。过去，广亮大门是具有相当品级的官宦人家才会采用的宅门形式。

（3）金柱大门

金柱大门与广亮大门的区别主要在于，门扉是设在前檐金柱之间，而不是设在中柱之间，并由此得名。这个位置，比广亮大门的门扉向外推出了一步架（约1.2米至1.3米），因而显得门前空间不似广亮大门那样宽绰。

（4）蛮子门

蛮子门是将槛框、余塞、门扉等安装在前檐檐柱间的一种宅门，门扉外面不留容身的空间。这种宅门从外表看，不如广亮大门和金柱大门深邃气派。蛮子门是一般商人富户常用的宅门形式。

清末，广东民居的墙垣式门

（5）如意门

如意门是北京四合院采用最为普遍的一种屋宇式宅门，如意门的基本做法是在前檐柱间砌墙，在墙上居中部位留一个尺寸适中的门洞。门洞内安装门框、门槛、门扇以及抱鼓石等构件。如意门洞的左右上角，有两组挑出的砖制构件，砍磨雕凿成如意形象。门口上面的两个门簪迎面多刻"如意"二字，以求"万事如意"。

如意门这种宅门形式，多为一般百姓所用，其型制虽然不高，但不受等级制度限制，可以随意进行装饰，既可以雕琢得无比华丽精美，也可以做得十分朴素简洁，根据主人的兴趣爱好和财力情况而定。

（6）墙垣式门

墙垣式门最普遍、最常见的形式是小门楼，尽管它的样式很多，但基本造型大同小异，主要由腿子、门楣、屋面、脊饰等部分组成，一般比较简单朴素。

临财毋苟得，临难毋苟免

"临财毋苟得，临难毋苟免"出自《礼记·曲礼》。"临财"就是不义之财，"临财毋苟得"的意思是不要取不义之财，要以孔子所倡导的"君子爱财，取之有道"为原则。道教经典《太上感应篇》中说过："取非义之财者，譬如漏脯救饥，鸩酒止渴，非不暂饱，死亦及之。"意思是，凡是贪取不义之财的人，就像去吃那屋漏水浸到的有毒的肉，去喝那鸩鸟毛浸过的有毒的酒一样。不但不能够获得暂时的醉饱，而且死期也马上就到了啊！"临财毋苟得，临难毋苟免"这句话就是劝告人们不要贪图不义之财。

清代朱柏庐编写的《朱子治家格言》里也有关于不义之财的告诫："勿贪意外之财"。清代光绪年间戴笠青对这句话进行了阐释，他说："人之禄命，注之自天，此身当得财若干，不可臆测；我之才能，操之在我。每岁可博财几许，岂不自知？做几品官职，得几品俸金。下多少本资，获多少利息。凡士农工商，谋财者不一道，可以类推。若非分所应得，即为意外之财。然我之意外之财，皆人之意中之财。我无端而贪之，无端而夺之，易地而观，何以为情？故得意外之财，必有意外之祸。以逆召逆，理有不诬。"这段话的大致意思是：人的福禄命运，是上天早已安排好的，这一辈子能得多少钱财，是根据自己的能力得来的，每年能得到多少钱财，自己心里应该有数。比如做官的，做几品官，就拿几品的工资；生意人出多少本钱，就得到相应的财富。凡是从事士、农、工、商各行各业的人，赚钱的方法不止一种，如此类推。如果不是自己应该得到的钱财，就叫"意外之财"。然而，我们所得的意外之财，往往是他人的"意中之财"。我们无端得到并占有了，别人就失去了这笔财富，假如我们是损失的一方，会怎么想呢？所以，贪图意外之财的人，必定有他所料想不到的祸患发生。这是因为天道循环，得到了不该得到的财富，会招来祸患。

清代年画《五路进财》

戴笠青所讲的和《太上感应篇》所告诫的内容类似，都是用封建迷信的说法来教育世人不要贪取不义之财，虽然有迷信色彩，但是教育人们注重自己的修养，不要费尽心机用非法手段获取财富的观点，还是值得弘扬的。

"临难毋苟免"的意思是遇有危难之事要勇于担当，不可推诿或躲避。"临难毋苟免"还用于指他人有难，要竭尽全力，予以帮助，共渡难关。自己遇有难处，也要正确面对，发奋努力，不可退却。

困难中最能考验人，利益中最能分辨人。做人靠人品赢尊重，做事凭毅力获成功，所以，不贪不义之财，不畏惧困难险阻，才是君子之道。

言为心声，语为人镜

古人常说："言为心声，语为人镜"，语言同人的仪表仪态一样，是内心德行及是否知礼的体现。古人对于言辞之礼的规定是多方面的。

首先，言辞要谨慎合理。孔子曰："侍于君子有三愆：言未及之而言谓之躁，言及之而不言谓之隐，未见颜色而言谓之瞽。"意思是说，与人交往容易有三种过失：没有轮到他发言而发言，叫作急躁；到该说话时却不说话，叫作隐瞒；不看君子的脸色而贸然说话，叫作盲目。汉代刘向的《说苑·谈丛》中说："口者，关也；舌者，机也；出言不当，驷马不能追也。口者，关也；舌者，兵也；出言不当，反自伤也。"意思是说，"口"好比关卡，"舌"好比兵器，言犹射箭，一言既出，相当于箭已离弦，就是跑得再快的马也拉不回来了，因此说话要慎重，不能轻言妄语。在不同的场合，针对不同的对象，应当说恰如其分的话，符合自己的身份。信口胡言，不仅让别人耻笑，也会给自己招来祸患。

其次，言辞应文明有礼。《礼记》中说："言语之美，穆穆皇皇"，即语言之美在于谦恭、和气、文雅。

最后，言辞礼仪要善于称人所长、避人所讳。与人交往时，发自内心地

清末内眷相见时的场景

称赞对方，不说刻薄、挖苦、挑剔的话，是一种修养与文明。

　　总之，日常交际中，言辞礼仪要做到"四有""四避"，即有分寸、有礼节、有教养、有学识，要避隐私、避浅薄、避粗鄙、避忌讳。

不失足于人，不失色于人，不失口于人

　　"不失足于人，不失色于人，不失口于人"出自西汉戴圣编纂的《礼记·表记》，原文是："子曰：君子不失足于人，不失色于人，不失口于人，是

古画中的孔子和弟子

故君子貌足畏也，色足惮也，言足信也。"

"不失足于人"，意思是不管是在什么人面前都要注重礼仪姿态，举手投足之间应给人一种修养极好的感觉，同时做事要有尺度和分寸。

"不失色于人"，指的是不要把喜怒哀乐都表现出来，要有涵养，在对待一些人和事的时候，要懂得控制情绪，学会克制烦恼和愤怒。

"不失口于人"，是说谈吐应考虑听者的感受，懂得换位思考，先思后言。

明代沈俊画作中的文人形象

《礼记·缁衣》中记录了孔子说过的一段话："小人溺于水，君子溺于口，大人溺于民，皆在其所亵也。"意思是，小人被水淹没，君子被言语淹没，在上位的人被民众淹没，都是轻慢、不尊重人造成的。

孔子对此解释说："夫水近于人而溺人。德易狎而难亲也，易以溺人；口费而烦，易出难悔，易以溺人；夫民闭于人而有鄙心，可敬不可慢，易以溺人。故君子不可以不慎也。"大概意思是，会游泳的人去水中嬉戏，容易被淹死；和德高望重的人相处，太亲近了，不懂得尊重，容易被疏远；说话很费解，故意用人们听不懂的话来显摆自己，容易被人们冷落；老百姓虽然知识不丰富，知道的不多，但是也不该轻视他们，要尊重他们，否则容易被百姓所抛弃，成为孤家寡人。所以，君子为人处世一定要慎重。

孔子这段话的中心意思是对人要有礼貌，尊重人、理解人是君子应有的修养。所以，他要求弟子"君子不失足于人，不失色于人，不失口于人"。

尊重他人、礼貌待人这一礼仪标准，在孔子一生的言行中，多有体现。

孔子所处时期，乐师大多是盲人，孔子对盲人照顾有加，有盲人乐师拜见孔子，走近台阶时，孔子会告诉他们："这是台阶。"走到座席旁时，孔子会说："这是座席。"大家都坐下来以后，孔子会说："某某人在这里，某某人在这里。"乐师走后，子张问："这就是和乐师谈话的方式吗？"孔子说："然。固相师之道也。"意思是，这本来就是帮助盲人的礼节。

"不失足于人，不失色于人，不失口于人"告诉我们，君子之道，在于尊重他人，礼貌待人，这样才会得到他人的尊重，才能使人与人之间的关系更加亲密，并可以避免一些不必要的冲突，使生活更加和谐美好。

静坐常思己过，闲谈莫论人非

"静坐常思己过，闲谈莫论人非"出自《增广贤文》，晚清学者金缨编著的《格言联璧》里也有收录，意思是一个人独处的时候，要自我检讨，时常反省自己的得失。

"闲谈莫论人非"讲的是要谨言慎行。俗话说"病从口入，祸从口出"，什么该说，什么不该说，需要"三思而言"，不能口无遮拦。茶余饭后，闲情逸致时，不可在背后议论他人的是非。当听到有人谈论他人是非时，应保持沉默或借故避开。避开是是非非，就是避开麻烦。

"静坐常思己过，闲谈莫论人非"告诉我们，要让道德要求成为自己内心的感召，这样才能"诚于中，形于外"，成为真正的君子。

趣味链接：
君子慎独

古人把人生的历练过程分为四个阶段：修身、齐家、治国、平天下。"修身"是古代培育人才的第一要务，修身的最高境界就是慎独。

"君子慎独"出自《礼记·中庸》，大意是：独自活动、无人监管的情况下，做坏事有可能不会被发现，但仍然选择坚守自己的道德理念，不去做任何

老话说得好——不可不知的礼仪常识

违背道德准则的事，也不做任何坏事。

《列女传·卫灵夫人》中有一则故事。春秋时期，有一天晚上，卫灵公正坐在宫里和他的夫人南子闲谈，突然听见马车行驶的声音从东边传过来，声音越来越大，大概到宫门前的位置却不响了，过了一会儿，马车的声音又响起，朝西边去了。卫灵公问南子："你知道这是谁吗？"南子说："坐车的人可能是大夫蘧伯玉。"卫灵公问道："你怎么知道是他？"南子回答："我了解到，凡属

清代石涛（1642—1708）所作《孤松隐士图》

臣子走过王宫的门前，都有下车致敬的礼节。忠臣孝子，不会在大庭广众之下故意做样子给大家看，也不会在没人的地方忽视自己应该有的行为。蘧伯玉是我国有名的贤才，最懂得遵守礼节的规矩了。虽然是在夜间行车，没人会看到，但他还是会照例停下车表示敬意。因此我说坐马车的人是蘧伯玉。"卫灵公不相信南子的话，派人去调查，果然不假。

《元史·许衡传》中也记载了一则故事。元代三大理学家之一许衡，在一个夏天外出办事，天气炎热，口渴难耐。路边有一棵梨树，路人纷纷去摘梨吃，唯独许衡不去。有人不解地问："为什么不摘梨解渴？"许衡回答："那梨树不是我的，我怎么可以随便去摘来吃呢？"那人说："现在时局这么乱，大家都各自逃难，这棵梨树，恐怕早已没有主人了，何必介意呢？"许衡说："纵然梨树没有主人，难道我的心也没有主人吗？"许衡的这种不为外部环境干扰、坚持自己本心的行为，就是真正的"君子慎独"。

清代林则徐在居所悬挂着一块醒目的横额，上书"慎独"二字，以警醒、勉励自己。

晚清名臣曾国藩在遗嘱中第一条说的就是"慎独"。他说："慎独则心安。自修之道，莫难于养心，养心之难，又在慎独。能慎独，则内省不疚，可以对天地质鬼神。人无一内愧之事，则天君泰然，守身之先务也。"

老要张狂少要稳

年轻人由于没有经验，做起事情来容易毛躁，从而出错。为勉励年轻人做事细心、沉稳，长辈一般会叮嘱一句："老要张狂少要稳。"

为什么"老要张狂"呢？《菜根谭》中说："老成的人，不患其不持重，常患以持重而成退缩，故当振其惰气。"大多数老年人，经历过太多的社会磨炼，失去了勇猛精进的拼搏精神，只想着安稳地度过余生，一般都是循规蹈矩，暮气沉重，"老要张狂"是劝诫老年人，虽然人生已走过了一大半，但前路仍然很长，应当保持探索的好奇心与勇气。

"老要张狂"不代表随心所欲，无所顾忌，无视法律和道德规范，而是强调老人要振奋起精神，在不妨碍社会和其他人的情况下，活出生命的精彩。

"少要稳"要求年轻人遇事要镇定，尤其在紧急关头。"司马光砸缸"的故事就说明了"少要稳"的重要性，如果年少的司马光当时也和其他小朋友一样慌了神，掉进缸里的小朋友就危险了，正是年少的司马光冷静、理智、镇定自若，才想出砸缸救友的好主意。

"少要稳"还有一个含义是告诫年轻人要耐住性子，一步一个脚印往前走。俗话说"台上一分钟，台下十年功"，所有的成功都不是一朝一夕换来的。只有沉下心，耐住性子，锻炼自己的本领，提升自己的修养，才能有望成功。

趣味链接：
少不读《水浒》，老不读《三国》

与"老要张狂少要稳"相对的，还有一句老话："少不读《水浒》，老不读《三国》"，这句话是什么意思呢？

"少不读《水浒》"意思是二十岁以下的孩子不能读《水浒传》，因为《水浒传》讲的是梁山好汉打打杀杀的故事。二十岁左右的孩子，血气方刚，正处于叛逆的时期，很容易冲动，做出犯法的事情。再加上《水浒传》带有一定的灰暗色调，少年读了可能会产生悲观情绪。

"老不读《三国》"，是因为人在四五十岁以上，有了社会历练，懂得人情世故，洞悉《三国演义》中的阴谋诡计、尔虞我诈，难免会愈加老谋深算。再加上老人读《三国演义》，会产生英雄迟暮的感慨，影响情绪，所以老人尽量不要读《三国演义》。

万云岩（1910—1952）绘《三国演义》故事瓷板

民国时期《〈水浒传〉108将》香烟画片

三人行，必有我师

"三人行，必有我师"出自《论语·述而》。原文是："子曰：'三人行，必有我师焉；择其善者而从之，其不善者而改之。'"意思是，孔子说："多个人一起走路，其中必定有人可以做我的老师。应当选择他们的优点去学习，对于他们的缺点，如果自己有的话，要注意改正；如果没有，就要加以防备。"这句话表现出孔子自觉修养、虚心好学的精神。

《史记》中记载了一个孔子虚心好学的故事。孔子周游列国的时候，带弟子们路过一处地方，见到一个孩子在路中间用沙土建造了一座"城池"，孔子上前询问小孩："你为什么要在路中间玩耍，不躲开马车呢？"那孩子说："从来只有马车躲避城池，哪有城池给马车让路的？这个国家的人们都说您学识渊博，今天看来实在是名不符实啊。"孔子听了很惭愧，虚心问孩子姓名，孩

明代仇英画作中孔子游学的场景

明代画家戴进《三顾茅庐》（局部）

子说自己叫项橐。孔子又问了项橐一些比较难的问题，项橐均一一回答。孔子感觉遇上了高人，就俯下身子对项橐说："学无老少，达者为先，我应该拜你为师。"《三字经》中将孔子的这个故事概括为："昔仲尼，师项橐，古圣贤，尚勤学。"

《论语》中还记载了孔子的另一段体现孔子谦虚好学的话："盖有不知而作之者，我无是也。多闻，择其善者而从之；多见而识之，知之次也。"意思是："大概有自己不懂却凭空造作的人吧，我没有这样的毛病。多听，选择其中好的加以学习；多看，全记在心里。这样的知，是仅次于'生而知之'的。"

唐代韩愈在《师说》中也说："生乎吾前，其闻道也固先乎吾，吾从而师之。"意思是，出生在我之后的人，如果他懂得道理比我早，我也会跟从他，拜他为老师。

宋代苏辙在《龙川别志》中说："上以谦虚为贤，下以傲诞为高。"意思是，站在高位的人以谦虚为贤德，下面的人以傲慢怪诞为高明。假如一个人，认为自己能力出众，陶醉于一点点成绩之中，骄傲自满，自己就得不到提升。

相传我国唐朝著名诗人白居易，每当作好一首诗，总是先念给牧童或老妇人听，然后再反复修改，直到他们听了拍手称好，才算定稿。

虚心的人十有九成，骄傲的人十有九空。任何人要想成功，都应当正确认识自己，虚心向别人学习。

第六章　红白喜事——婚丧吊贺，礼数优全

中国是礼仪之邦，非常重视礼仪之道。夏商周和春秋战国时期，治理国家靠的就是礼制。当时，国家有"吉、凶、军、宾、嘉""五礼"，而百姓生活方面则有"生、冠、婚、丧、祭""五礼"。民间的"生、冠、婚、丧、祭"这五种礼仪，用通俗的话说就是"红白喜事"礼仪。红事就是喜庆的事，如结婚、生子、做寿、过生日，等等，白事是指给去世的人办葬礼，即丧事。

本章简单介绍一些与红白喜事相关的礼仪常识。

最怕人情红白事，知单一到便为难

清代杨静亭写过一首诗《都门杂咏·时尚门·知单》：

> 居家不易是长安，俭约持躬稍自宽；
>
> 最怕人情红白事，知单一到便为难。

这首诗的大概意思是，居住在长安这样的大城市，物价很贵，生活是非常不容易的，只有勤俭节约，仔细打理家务，才能勉强生存下来；平时最害怕的就是喜事和丧事，一旦有人报丧或者报喜，就需要支出份子钱，但因手头拮据，所以会感到生活更加艰难。

诗中所说的"红白事"指的就是喜事和丧事。从作为一种仪式的角度讲，喜事和丧事有相似之处，一般都在特定的场所举行，有亲友到场，有专门的人员负责接待，个别的亲友还需要拿份子钱，此外，还有特定的服装，特定的音乐，事情办完之后人们还会聚在一起吃酒席，等等。

清代画作中展现的结婚场景

红白喜事主要包括以下几类：

（1）婚姻嫁娶

婚礼是家庭乃至家族中的大事。人类自从蒙昧状态逐渐进入原始文明后，就由乱婚、群婚过渡到一夫一妻的婚姻形式，慢慢地形成了约定俗成的"婚礼"。据唐代政治家、史学家杜佑在《通典》中记载："夏亲迎于庭，殷于堂。周制限男女之岁定婚姻之时，亲迎于户。"由此可知，夏商周时期就有了婚礼的雏形，到西周时期婚礼的流程基本完备。

成文于汉代的《仪礼·士昏礼》，记载了完整的周代婚礼仪程，分六个步骤，即纳采、问名、纳吉、纳征、请期、亲迎，后世称之为"六礼"。

纳采。即男方派媒人向女方提亲，若女方同意，男方就要准备礼物到女方家求婚。

明代王凤绘《祝寿图》

明代冯晓绘寿星图

问名。即男方派人问女子之名，以卜吉凶。

纳吉。即男方卜得吉兆，备礼告知女方家，寓意婚姻始定。

纳征。即男方在纳吉后，送聘礼到女方家，准备成婚礼。

请期。即男方卜得迎娶吉日，备礼告于女方家。

亲迎。即男方亲到女方家迎娶。

（2）做寿

在中国传统养老礼仪中，祝寿礼俗是不可或缺的一部分。春秋战国时期就有"献酒上寿"这样原始的祝寿活动。真正举行庆寿仪式，出现在南北朝时期。南北朝时期，江南地区出现了"试儿"（抓周）习俗。这一仪式过后，如果双亲健在，则要在生日时举行宴会，感谢父母的生养恩情，慢慢地演变成给老人祝寿的礼俗。

关于生日庆贺仪式，民间有"不三不四"的说法，指的便是二十岁、三十岁、四十岁这几个年龄段不庆寿。需要到一定年龄才能开始庆寿，现在一般六十岁开始庆寿，可称为"做寿"。

为老人做寿，一旦开始，便不能中断，以示长寿。庆寿分为小庆和大庆。平常年份为小庆，简单地庆祝一下；特殊的年份，比如六十岁、七十岁、八十岁、九十岁、一百岁的时候，便要相对隆重地庆祝。除了整寿，年龄为七十七岁、八十八岁、九十九岁时，也会隆重地庆祝。七十七岁称"喜寿"，因为"喜"字的草书形似"七十七"三字的连写，故名。八十岁为大寿，此时子女一般会隆重庆祝老人高寿。八十八岁称为"米寿"，因为"米"字写起来像是"八十八"三个字组成。九十九岁称"白寿"，因为"百"字少一横即为"白"。此外，七十三岁和八十四岁也是比较重要的寿辰，俗话说"七十三，八十四，阎王不叫自己去"，为了顺利过这个"坎儿"，子女一般会为老人祝寿。

祝寿礼有一定的程序，一般来说，准备祝寿，首先要发请帖。接到邀请后，被邀请者准备贺寿礼。最常见的祝寿礼物有寿星、寿糕、寿烛、寿面、寿桃、寿联、寿屏、《五瑞图》、"寿"字吉祥物等，也有的送鸡鸭鱼肉。

祝寿之前，主办人设立寿堂，寿堂的两边摆放客人坐的椅子。祝寿时，寿星身穿新衣，朝南坐于寿堂之上，接受亲友、晚辈的祝贺。古代祝寿的行礼仪式主要是：同辈抱拳打躬，晚辈鞠躬，儿孙辈行跪拜礼。祝寿时少不了献祝寿辞，即寿文，形式多为祝寿诗、寿序、寿联等。

拜寿之后，就是宴席。宴席除了有大鱼大肉，山珍海味，必有长寿面与寿桃。宴席上，大家向寿星敬酒，并祝福寿星长命百岁。

（3）礼莫重于丧

《荀子·礼论》中说："丧礼者，以生者饰死者也，大象其生，以送其死，事死如生，事亡如存。"意思是说，对待死者也应该像其生前一样。

有考古表明，早在旧石器晚期就出现了墓葬，随之，"丧"文化开始产生，逐渐演变为丧葬礼仪。

春秋时期早期的丧葬礼仪有很多不规范性，春秋时期中期，丧葬礼仪的程序才逐步规范、固定下来。《礼记·王制》记载，这一时期普遍实行的丧葬礼制是"天子七日而殡，七月而葬。诸侯五日而殡，五月而葬。大夫、士、庶人三日而殡，三日而葬"。据《礼记·曲礼》记载，不同的人去世有不同的

叫法:"天子死曰崩,诸侯死曰薨,大夫死曰卒,士曰不禄,庶人曰死。"这一时期的丧葬礼仪,等级观念非常强。春秋末期,"敛衾""复""楔齿""帷堂""饭含"等丧仪专用名词已成为丧葬礼仪中的重要组成部分,丧葬礼仪中的"殡""执绋""奠祭"等礼节,影响至今。

战国时期的丧葬仪式延续春秋之礼,这个时期,丧葬礼俗基本定型,一些王公大臣去世后,开始流行厚葬。

秦代,丧葬礼仪大体延续了春秋战国时期的丧葬礼仪制度,丧葬更趋于隆重。以秦始皇的陵墓为代表,秦始皇陵规模宏大,气势雄伟,有内外两重夯土城垣,象征着帝都咸阳的皇城和宫城。据史料记载,陵墓中还建有各式宫

陈少梅(1909—1954)所绘守墓的场景

殿，陈列着许多奇异珍宝。

汉代，丧葬礼仪开始讲究棺椁与礼器的制度，强调墓主人的等级、身份，王公贵族的墓葬还讲究墓室的装饰，把许多神话传说、典章制度、风土人情等人世百态画上去。

魏晋时期，对一些过于奢华的丧礼进行了改革，开始推广薄葬，守丧期也开始缩短。北魏时期，战乱不止，百姓生活艰辛，没有财力、物力进行葬仪，从简从速的"渴葬"方式便流行开来。"渴葬"亦称"槀葬"，就是随死随葬，不计殡期。

唐代是我国历史上一个兴盛的朝代，殡葬仪式不仅等级制度森严，而且崇尚厚葬。

北宋时期，为了整饬礼仪，朝廷还专门颁发了有关悖礼行为的禁令，居丧期间严禁举乐饮酒。

金元时期，汉民族的丧葬礼仪没有大的改变，基本沿用唐宋礼仪。原则上提倡缩短丧期，崇尚节俭。元代，出现了往死人嘴里放钱的丧俗。

清代大体沿用明代丧制，同时，调整了品官丧礼制度，严格了等级。

民国时期的丧葬礼仪，与清代一脉相承，没有大的变化。

现今的丧葬主要包括以下几个流程：

（1）送终

老人生命垂危之时，子女等直系亲属一定要守在老人身边听其遗言，直到老人去世。

（2）报丧

老人咽气后，家人尽快向亲友发出通知。对长辈或者关系很亲密的亲戚，要派人去报丧，通知吊唁和下葬的日期。

（3）入殓

为逝者剃头、刮脸、洗身、穿衣、整容等。

（4）守灵

亡者子女排班轮流守在灵柩旁边，不解衣、不去孝，直到下葬。

老
话
说
得
好
——
不
可
不
知
的
礼
仪
常
识

（5）吊唁

吊唁时，吊唁的人与逝者的关系远近不同，礼仪也不同；根据关系的亲疏，随的丧礼也不同。

（6）火化

送去火葬场火化。

（7）下葬

下葬也叫"出殡"，孝子和亲友将棺材送到墓穴安葬。

趣味链接：

生，事之以礼；死，葬之以礼

"生，事之以礼；死，葬之以礼"出自《论语·为政篇》，原文是：孟懿子问孝，子曰："无违。"樊迟御，子告之曰："孟孙问孝于我，我对曰无违。"樊迟曰："何谓也？"子曰："生，事之以礼；死，葬之以礼，祭之以礼。"

大意是说，孟懿子问什么是孝，孔子说："孝就是不要违背礼。"后来樊迟给孔子驾车，孔子告诉他："孟孙问我什么是孝，我回答他说不要违背礼。"樊迟说："不要违背礼是什么意思呢？"孔子说："父母活着的时候，要按礼侍奉他们；父母去世后，要按礼埋葬他们、祭祀他们。"

"生，事之以礼"，礼，就是规矩，做事的标准。孝敬父母也一样，是有规矩的，父母活着时，要好好奉养他们，不让他们忍饥挨饿，要让他们衣食无忧，活得幸福。

北宋文学家欧阳修在祭文《泷冈阡表》中说："祭而丰，不如养之薄也。"又说："养不必丰，在于孝。"意思是，与其到祭祀时用贵重的祭品，不如在父母活着时尽自己的孝心，哪怕是"薄养"。这也是要求人们关注健在的老人，关心父母的起居，关注他们的冷暖。

"死，葬之以礼"，指父母故去后，按照礼仪规范进行安葬，按照民俗传统进行祭奠。北宋名臣、史学家司马光所撰《温公家范》中说：葬者，人子之大事。死者以宅穸为安宅，兆而未葬，犹行而未有归也。是以孝子虽爱亲，留之不敢久也。……《礼》：未葬不变服，啜粥，居倚庐，寝苫枕块，既虞而后有所变，盖孝子之心，以为亲未获所安，己不敢即安也。

　　大意是说，父母去世后安葬，是为人子女的一件大事。死亡的人把墓穴当作房屋，为死者选好墓地却未埋葬，就像活人出行而没有归家一样。因此孝子虽然很爱戴他的父母，但是留下他们的遗体也不能太久。

　　《中庸》中说："事死如事生，事亡如事存，孝之至也。"意思是，侍奉死者如同侍奉生者，侍奉已亡者如同侍奉现存者，是孝的最高表现。

　　现代社会，老龄化现象对孝道提出了新课题。但是，无论社会如何变化，"生，事之以礼；死，葬之以礼"这种基本的孝道礼仪，是每个子女都要去遵守、去身体力行的。

父母之命、媒妁之言

　　"父母之命，媒妁之言"出自《孟子·滕文公下》，原文是："不待父母之命，媒妁之言，钻穴隙相窥，逾墙相从，则父母国人皆贱之。"意思是说，不等父母的同意，媒人的说合，就钻洞扒缝互相偷看，翻过墙头约会，那么父母和社会上的人都会认为这种行为很下贱。

民国时期老洋画上体现的结婚流程

老话说得好
——不可不知的礼仪常识

《礼记·昏义》中说："昏礼者，将合二姓之好，上以事宗庙，而下以继后世也，故君子重之。"古人认为结婚的目的就是传宗接代，所以门第很重要。在古代婚姻制度下，儿女婚姻必须由父母做主，并经媒人介绍，否则就是不合规矩，不合礼仪。

媒妁制度起源于西周时期，当时的媒人不仅仅是女性，"媒"指男性，"妁"指女性，"媒妁"泛指说媒的人。在古语中，"媒妁"为"谋酌"，"谋也，谋合二姓者也"，"酌也，斟酌姓者也"，媒妁就是考察男女双方是否可以婚配的中间人。媒人的作用有两个，一是了解男女双方的情况，二是对两个家庭进行撮合。

古代的媒妁主要分两种，一种是官媒，称为"媒氏"，是负责统计、管理适龄青年的婚配的机构，《周礼》中记载："媒氏掌万民之判"。另一种是私媒，主要目的是说合婚姻，并能收取一定的财物作为其合法的职业收入。

古代婚姻中的"三书六礼"（"三书"即聘书、礼书、迎书，"六礼"即纳采、问名、纳吉、纳征、请期、亲迎六道程序）都需要媒人的参与，没有媒人是无法完成一整套流程的。

到了唐代，开始用法律的手段将媒妁制度规范化、制度化。《唐律疏议》中对婚姻中必须有媒人进行了规定："为婚之法，必有行媒。"

元代，"令各处官司使媒人通晓不应成婚之例，仍取本管不违甘结文状，以塞起讼之源"。意思是，各地媒人都要接受一定程度的培训，了解当朝关于婚姻方面的禁令和制度，而且媒人需要向当地政府上交不介绍违法婚姻的保证书，以免导致法律纠纷。后来媒人法律化的制度一直持续到明清时期。

趣味链接：

媒人的称谓

在古代，婚姻讲究父母之命，媒妁之言，媒婆是社会生活中不可或缺的角色，是一种职业，从业者以中老年妇女为主。随着时代的变迁，不同的地域对媒人的称呼也有所差别。

（1）媒妁

媒妁即媒人。其中，媒指职业撮合人，妁指临时撮合人。

（2）伐柯

《诗经·豳风·伐柯》："伐柯如何？匪斧不克。取妻如何？匪媒不得。"意思是说，怎样去砍那斧柄呢？没有斧头不可能。怎样娶那妻子呢？没有媒人是不行的。后来人们便称媒人为"伐柯"或"伐柯人"。

（3）冰人

这个名称出自《晋书·索紞传》。晋时有个人叫索紞，善于解梦，预卜吉凶祸福。有一次，一个叫令狐策的人做了一个梦，梦见自己站在冰上，和冰下一个人说话，不知是何征兆，就要索紞为他解梦。索紞分析了一下梦境的情节，对他说："冰上为阳，冰下为阴，阴阳事也。士如归妻，迨冰未泮，婚姻事也。君在冰上，与冰下人语，为阳语阴，媒介事也。君当为人做媒，冰泮而婚成。"后来令狐策给一个太守的儿子做媒，果然把婚事说成了。后来，"冰人"就成为"媒人"的代称。

（4）红叶

唐僖宗时，有个叫韩翠苹的宫女渴望得到正常的人间之爱，便冒着生命危险在红叶上题诗，让红叶随着御河的水传到宫外。有一个书生在偶然中拾得题诗的红叶，也题诗于红叶之上，借流水传到宫中。后来天作良缘，后宫放出宫女3000人，两个有情人终于在民间相见，结为伉俪。韩翠苹感慨万端，题诗一首："一联佳句随流水，十载幽情满素怀。今日却成鸾凤友，方知红

此是月下老手挂粉枝说媒人 供之

清末著名风俗画家周培春所绘月老像

清代画作中红娘撮合崔莺莺与张生花园相见的画面

叶是良媒。"此后，人们便把媒人又称作"红叶"。

（5）月老

传说唐代有个叫韦固的人夜经宋城，遇一老人倚囊而坐，向月检书，便问所检何书。答曰：天下之婚牍。又问囊中赤绳何用，答曰：以系夫妻之足。传说这位老人是主管婚姻之神，故以"月老"作为媒人的别称。

（6）媒婆

明清时期有"媒婆"一词，亦用以指称媒人。但因媒婆能说会道，其话往往名不符实，所以"媒婆"一词略带贬义。

（7）红娘

《西厢记》中，红娘是主人公崔莺莺的侍女，张生与崔莺莺相爱，经红娘从中设谋撮合，使这对有情人终成眷属。此后，"红娘"便成了媒人的别称。

（8）保山

《红楼梦》第十百一十九回写道："他说二爷不在家，大太太做得主的，况且还有舅舅做保山。"说明媒人又被称为"保山"，即像山一样稳固可靠的保证人。

男女同姓，其生不蕃

"男女同姓，其生不蕃"出自《左传》，原文是："晋公子有三焉，天其或者将建诸！君其礼焉。男女同姓，其生不蕃。"这段话说的是晋文公重耳的故事，从中可以得知，春秋战国时期已经出现同姓不能通婚的习俗。

《国语》中记载："同姓则同德，同德则同心，同心则同志，同志虽远，男女不相及；畏黩故也。黩则生怨，怨乱毓灾，灾毓灭姓。是故娶妻避同姓，畏乱灾也。"同姓则同德，同德则同心是古代分封土地的依据。这段话强调一家人要同心同德，一起守护西周王朝。从这段话也可以看出同姓男女不能结婚，以避"乱灾"。

"男女同姓，其生不蕃"主要是因为同姓男女一般会拥有同一个祖先。他们之间有血缘关系，结婚之后生出的后代往往会出现身体比较弱的情况。久而久之，就会导致一代不如一代，那么这个家族就会慢慢衰落甚至消失。为了避免这种情况，所以规定"同姓不婚"。而且，在古代，异姓通婚不仅是礼法规定，还可以达到强强联合的目的，避免宗族陷入孤立境地。

趣味链接：

《百家姓》

《百家姓》是一部关于汉字姓氏的作品，与《三字经》《千字文》并称"三百千"，是中国古代幼儿的启蒙读物。

据文献记载，《百家姓》是北宋初年钱塘（杭州）的一个书生所编撰的蒙学读物，原收集姓氏411个，后增补到504个，其中单姓444个，复姓60个。其中"赵钱孙李"在《百家姓》中列在前四姓，是因为《百家姓》形成于宋朝，故而宋朝皇帝的赵氏、吴越国国王钱俶、正妃孙氏以及南唐国主李氏的姓氏排在了前四位。

《百家姓》采用四言体例，对姓氏进行了排列，而且句句押韵，虽然它的内容没有文理，但对中国文字的认读、中国姓氏文化的传承等都起了很大的

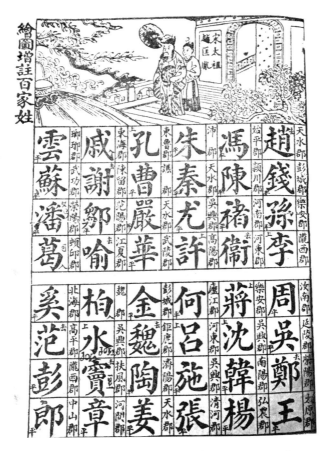

民国时期上海福禄寿书局出版的《绘图增注百家姓》

作用。

　　据史书记载，曾经出现过的和目前正在使用的姓氏加起来共有约6000个，其中单姓有3484个，复姓有2032个，三字姓氏146个。此外，还有改姓的和三字以上的姓氏，不过这类姓氏比较少。

共牢而食，合卺而酳

　　"共牢而食，合卺而酳"出自《礼记·昏义》，原文是："妇至，婿揖妇以入，共牢而食，合卺而酳，所以合体、同尊卑，以亲之也。"意思是，将媳妇娶到家后，丈夫向妻子作揖，请她一同进门。进入洞房后，新郎新娘一起吃祭祀肉食，各执一瓢共同饮酒，这表示夫妇一体，不分尊卑，永远相亲相爱。

"共牢"和"合卺"都含有夫妻互相亲爱、从此合为一体之意，也称"同牢"。

古代婚俗仪式中最关键的程序，就是"合卺"，过去人们也常把"合卺"作为结婚的代称。"合卺"在春秋时代就已经流行，将一个葫芦剖为两个瓢，用一根线系住两个瓢的柄端，合起来依然是个完整的葫芦，故名"合卺"。新郎新娘进入洞房后，各执"合卺"的一半饮酒，叫"合卺而酳"。

清代同治时期福建巡抚张梦元在《原起汇抄》中，曾考证了用葫芦瓢（匏）饮酒的意义："合卺"有两方面含义，一是葫芦味苦，用之饮酒，可提示

清末画作中展现的光绪大婚的场景

新婚夫妇同甘共苦；二是葫芦瓢（匏）是古代的一种乐器，用之可喻音韵调和，也就是夫妇之间关系和谐如琴瑟和鸣。

隋唐以后，合卺仪式更趋复杂。宋代文学家孟元老在《东京梦华录》卷五《娶妇》中记载："然后用两盏以彩结连之，互饮一盏，谓之'交杯酒'。饮讫掷盏，并花冠子于床下，盏一仰一合，俗云'大吉'。"到了宋代，合卺仪式用葫芦瓢，以彩线连接。行礼时，须新郎新娘互相传饮，称为"交杯酒"或"合欢酒"。饮完，把这对葫芦瓢往地上一扔，如果是一爿朝天，一爿俯地，便称"大吉"。

现在的传统婚礼仪式中，合卺礼仪简化成了新婚夫妇喝交杯酒的过程。

趣味链接：

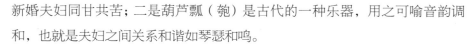

觅向无人处，绾作同心结

唐代宗时期，江南吴郡有一个远近皆知的才女叫晁采，她曾为心上人写过一首《子夜歌》："侬既剪云鬟，郎亦分丝发；觅向无人处，绾作同心结。"古代，新婚夫妇在新婚之夜饮交杯酒前会各剪下一缕头发，绾在一起表示夫妇同心。

据北宋时期孟元老的《东京梦华录》记载，新娘被迎娶到男方家时，两家各出一根彩缎绾成同心结，男女各执一头，相牵而行，拜谒祖先，然后夫妻对拜。

婚仪的另一程序"合髻"也要用同心结。宋代吴自牧所著的《梦粱录》中记载："男左女右结发，名曰合髻，又男以手摘女之花，女以手解新郎绿抛纽，次掷花髻于床下，然后请掩帐。""合髻"是指男女各剪下一缕头发，结成同心样式的髻，然后与新娘的花一起，掷于新床下，以青丝系同心。

除了在婚礼仪式上，同心结还可以用在日常生活中，表达青年男女对白头偕老、永结同心的向往和追求。

木版年画中梁祝化蝶的故事

嫁女之家，三夜不息烛

"嫁女之家，三夜不息烛，思相离也；取妇之家，三日不举乐，思嗣亲也。"这句话出自《礼记·曾子问》，大意是，女儿出嫁，女方父母思念自己的女儿，头三天夜里不熄灭蜡烛，表示因为思念女儿，睡不着觉；婆媳妇的人家，三天之内也不吹吹打打，表示男子要独立成家，感恩父母过去的养育之恩。

在古代社会，男女青年举行结婚仪式是在黄昏。东汉许慎在《说文解字》注"昏"字曰："娶妇以昏时，妇人阴也，故曰婚。"

在我国古代婚姻礼仪中，有婚礼不举乐（即婚礼中禁止鸣锣奏乐）的规定。

《礼记》中说："昏礼不用乐，幽阴之义也。乐，阳气也。昏礼不贺，人之序也。"

北魏时期，禁止婚娶用乐，北周亦禁婚礼作乐。

晋代葛洪在《抱朴子·疾谬》中说："……古人感离别而不灭烛，悲代亲而不举乐。"

明代嘉靖时期的《泰泉乡礼》中记载："凡昏礼，不得用乐。贺昏非礼，宜更贺为助，礼物随宜。凡亲迎，不许用鼓吹杂剧，送迎交馈。"

清代秦蕙田在《五礼通考》中说："古人重此大礼，严肃其事不用乐也。"《五礼通考》中说宋代的婚礼时，"主人以酒馔礼男宾于外防，主妇以酒馔礼女宾于中堂，如常仪，不用乐。"

趣味链接：

民国年画中结婚拜堂的场景

正不娶，腊不定

"正不娶，腊不定"就是正月不娶媳妇，腊月不订婚。"正不娶，腊不定"与腊月和正月这两个月份的特殊性有关。

腊月的"腊"为祭祀的意思，在古代，进入腊月之后，从腊月初八开始，祭祀活动便开始了，祭灶王、祭玉帝、祭土地公公、上坟请祖，做的都是祭祖祭宗、缅怀先人的大事。按古人的说法，腊月与正月为人间盛大节日，而阴间也放假，逝去的祖先和鬼魂纷纷回家，来来往往，不适合举办订亲与娶亲等喜事。

正月在古代有"抬头红"的说法，男女正月结婚，乃太岁压头，不利儿孙，因此正月很少有新人结婚。正月在过去也是"冥婚"的时节。

正是因为正月禁忌颇多，所以古代人很少在正月婚嫁。

如今，随着科学的进步和人们思想的解放，越来越多的年轻人开始摒弃古代的陈旧观念和习俗。

红事叫，白事到

"红事叫，白事到"说的是过去遇到办红白喜事时，通知宾客、招待宾客的礼仪。

"红事叫"，是指有结婚、生子、祝寿等喜事时，请一些人去帮忙操办宴席等。过去，有结婚、生子、祝寿等喜事时，会大摆筵席款待宾客。摆筵席就

清代通草画，展现了人的一生

需要提前做很多准备工作，比如安排场地，租赁桌椅板凳，决定邀请宾客的名单，就需要请人帮忙。有人家里办喜事，如果被叫去帮忙，说明对方把被叫去帮忙的人当亲近的人，当婚礼结束后，这家人会单独宴请在婚礼中帮忙的人。

"白事到"是指有人去世了，即便主人家没有请人去帮忙，也要主动去帮忙。因为白事不是可以提前预知的，主人家很少有周全的准备，突然遇到白事，主人家陷入悲伤的情绪，没有精力和时间去安排，这时，就需要大家主动去慰问，帮忙料理后事，出主意。

相比喜事，白事需要考虑的细节更多，操办的时间也长，需要的人也就多一些，所以白事还有"不请自来"的说法。

趣味链接：

送死可以当大事

"送死可以当大事"出自《孟子·离娄下》，原文是："养生者不足以当大事，惟送死可以当大事"，大意是，奉养父母还算不上大事，为他们送终才算

清代焦秉贞所作《治任别归》图，表现的是孔子去世后弟子们守墓的情形

得上大事。

　　孟子所处的时代，科学不发达，人们认为人死后会变成鬼，子孙后代都要按照礼制规定祭祀，以缅怀先人的功德。孟子认为，侍奉父母是子女的大事，是必须要做的；办好父母的丧事更是子女的大事，这样才能使父母在九泉之下得到安息。

　　过去，一些人家有老人去世，门口就贴上大幅白纸黑字"当大事"或者"可当大事"。但是，逝者妻子或者丈夫一方健在的，不能贴"当大事"。比如母亡父在，要写"命子称哀"，父亡母在，则写"命子称孤"或者"椿萎萱茂"。《礼记·杂记》中说，父丧称孤子，母丧称哀子，父母俱丧称孤哀子。"椿萱"也是父母的意思，古称父为"椿庭"，母为"萱堂"。

　　如果逝者没有儿子，由其女婿或侄子主丧的，则要写为"代当大事""半子承礼"或"犹子承礼"等。逝者的儿子早逝，由孙子执丧，也不能用"当大事"，一般都写"代父承重"。逝者的父母健在，逝者儿子执丧，也不能写"当大事"，要写为"命孙执竹"或"命孙执桐"。因古代有父丧执竹、母丧执桐的习俗，意为父母皆（节）痛（桐）之意。

　　为什么"送死"要"当大事"？南宋朱熹在《孟子集注》中解释说："事生固当爱敬，然亦人道之常耳；至于送死，则人道之大变。孝子之事亲，舍是无以用其力矣。故尤以为大事，而必诚必信，不使少有后日之悔也。"大意是说，每天孝敬父母，是人人都知道的道理。普通人也会尽心尽力奉养父母，只是有的很孝顺，有的属于一般的孝顺。不孝顺的人毕竟是少数。即使不孝顺，做错了事，因为父母健在，也有后悔的机会。但是，为老人送终，是孩子孝顺的尽头，从此想孝顺也没有机会了，送丧之时，有一点考虑不周，有一处做得不好，连后悔的机会都没有，会遗憾终生。所以，为老人送葬时必须考虑周详，按照丧葬仪式寄托自己的哀思，所以要把为老人送丧当成一件大事来做。

属纩以俟绝气

"属纩以俟绝气"出自《礼记·丧大记》第二十二，属纩是古代丧俗礼仪的一种，纩是丝絮，质地很轻。当人濒临死亡时，用新丝絮置于临死者的口鼻上，以验呼吸之有无，称为"属纩"。如果死者已经断气，诸子及兄弟、亲戚都要开始痛哭。

唐代杜佑在《通典》中也有记载："疾故，去故衣，加新衣，彻乐，清扫内外，分祷所祀。侍者四人，坐持手足，遗言则书之。属纩以候气。"病人病危以后，要给他脱掉旧衣，换上新衣，给逝者换衣服时，还讲究"男子不死于妇人之手，妇人不死于男子之手"，意思是，为临终者换衣属纩之事，应由同性别的人来做。

趣味链接：

百花寿字图

邹一桂（1686—1772）所绘《百花寿字图》

死于适室，寿终正寝

长寿是每个人的理想，"五福临门"的"五福"——"寿""富""康宁""攸好德""考终命"，第一福就是"寿"。

古人将寿命分为上寿、中寿、下寿"三寿"。《庄子》中说："人上寿百岁，中寿八十，下寿六十。"唐初经学家孔颖达为《左传》做注释时说："上寿百二十岁，中寿百，下寿八十。"

"五福"的第三福是"康宁"，意思是"无疾病"；第五福是"考终命"，古人认为，一个人按照其天然的寿命长短自然死亡，没有发生意外早死，也是一种福气。

"五福"中的"寿"和"考终命"都与寿命有关。高寿是古人的追求，也是最大的福气，所以按照古代的礼节，活到八十岁以上寿终正寝的，属于"喜丧"。

"寿终正寝"中的"寿"，指的是长寿，"终"，就是终结。一般来说，八十岁及以上的老人离世，称"老死"；青壮年离世，称"疾终"或"夭亡"；二十岁以下的人死亡称作"殇"。

"正寝"又叫"适室"，是指旧式住宅的正屋。《仪礼·士丧礼》中说："士丧礼，死于适室，幠用敛衾。""寿终正寝"是指年老时在家中的正屋安然逝世。

饭用米贝，弗忍虚也

"饭用米贝，弗忍虚也"出自《礼记·檀弓下》，意思是，把米、贝放入死者口中，不让他嘴里空着。这表现的是古代的一种丧葬礼仪，也叫"饭含"，是一种把珠、玉、谷物或钱等放入死者口中的习俗。

这种丧葬礼仪，起源于夏商时期。宋代高承在《事物纪原》中说："含，商制也，周人加以珠玉尔。"殷墟发掘的商代墓葬，无论是小型墓、中型墓，抑或是大型墓，都广泛见到"饭含"的实例，一般贫者含海贝、石饰，富者含玉饰，与文献所载基本吻合。

东汉末年经学大师郑玄解释《周礼》时说："夏时死者饭含用贝，周时改用玉。"西周时期的饭含习俗，从墓葬资料看，也基本保持着商代以来的规矩，其具体内容与形式均接近商代。

在古代，人死后，负责入殓的人会趁死者身体尚未僵硬之时，用角质的勺子将死者的嘴撬开，将米粮放入死者口中。但是粮食容易腐败，不能长久保存，所以古人又想出新的方法，将玉石打磨成米粒的形状，塞入死者口中，这些米粒称为"米贝"。

为何要设置"饭含"呢？据《公羊传》记载："孝子所以实亲口也，缘生以事死，不忍露其口。"唐代孔颖达在《礼记正义》中则不仅指出"饭含"是为了"不使虚其口"，还解释了为何要用米贝："死者既无所知，所用饭用米贝，不忍虚其口。既不忍虚其口，所以不用饭食之道以实之。必用米贝者，以食道亵，米贝美，尊之不敢用亵，故用米，美善焉尔。饭食人所造，细碎不洁，故为亵也。米贝天性自然为美，凡含用米贝。"可见，"饭含"的目的是使死者在"另一世界"中继续享受生前的食禄。

"饭含"作为丧仪之一，也因死者的地位与身份不同而有严格的区别。《礼记纂言·杂记卷十》曰："天子饭九贝，诸侯七，大夫五，士三。"《礼记·檀弓下》引《礼纬·稽命徵》说："天子饭以珠，含以玉。诸侯饭以珠，含以璧。卿大夫饭以珠，含以贝。"

有的文献将"饭"与"含"分别表述。关于"饭"，东汉郑玄在《周礼》中解释说："君用梁，大夫用稷，士用稻。"关于"含"，《公羊传·文公五年》云："天子以珠，诸侯以玉，大夫以碧，士以贝，春秋之制也。"

"饭"与"含"实际上是一回事，都是将米、贝、玉、珠等物置于死者口中，只不过先放米类，谓之"饭"；后置珠玉，谓之"含"。

考古中发现，两汉时期，一些古人口中含有"玉蝉"，这也是"饭含"习俗的一种演变。制成玉蝉状一是便于放置，二是因为蝉象征着生命的延续。随后，这种"饭含"的习俗，逐渐演化成口中含一些"玉珠""玉鱼"等玉器。

魏晋时期提倡薄葬，不再流行在死者口中放东西的习俗。到了隋唐时期，"饭含"葬俗再次流行起来，不过死者口中含的不是玉器，因为唐代有规定："一品至于三品，饭用梁，含用璧；四品至于五品，饭用稷，含用碧；六品至于九品，饭用梁，含用贝。"

宋代以后，随着工商业的发展，除皇家、贵族、富豪等家庭仍用珠玉"饭含"，普通百姓大多用钱币作为"饭含"之物。北宋司马光在《书仪》

古代玉蝉

中说："古者饭用贝，今用钱，犹古用贝也。钱多既不足贵，又口所不容，珠玉则为盗贼之招，故但用三钱而已。"

明代规定："饭含，五品以上饭稷含珠，九品以上饭粱含小珠。"

到了清代，"饭含"以珠玉金银为主。这时候的"饭含"注重的主要是仪式。

现代，民间丧礼中的"饭含"，是在小殓之后进行，在死者口中放入大米或贝、茶叶等物。不同的地区，"饭含"用的物品略有区别。

趣味链接：

清明到，儿尽孝

俗话说"清明到，儿尽孝"，在清明节，人们一般会给逝去的祖先扫墓。在祭扫时，给坟墓铲除杂草，添加新土，供上祭品，燃香奠酒，烧些纸钱，举行简单的祭祀仪式，以表示对死者的怀念。唐代诗人白居易的《寒食野望吟》一诗就描写了清明上坟祭祖的场景：

乌啼鹊噪昏乔木，清明寒食谁家哭？

风吹旷野纸钱飞，古墓累累春草绿。

棠梨花映白杨树，尽是生死离别处。

冥寞重泉哭不闻，潇潇暮雨人归去。

明代《帝京景物略》中记载："三月清明日，男女扫墓，担提尊榼，轿马后挂楮锭，粲粲然满道也。拜者、酹者、哭者、为墓除草添土者，焚楮锭次，以纸钱置坟头。望中无纸钱，则孤坟矣。哭罢，不归也，趋芳树，择园圃，列坐尽醉。"

清明节祭祀应穿素色的服饰，忌讳穿大红大紫的衣服。墓地是去世人的安居之所，故不可穿得过于鲜艳，不可跨过坟墓及供品，不能大声喧哗、嬉笑怒骂、污言秽语。

北魏贾思勰在《齐民要术》里说："取柳枝著户上，百鬼不入家。"在民间，人们认为柳可以祛鬼，而称柳为"鬼怖木"。民间有"清明不戴柳，死后

明代仇英画作中儿童捉柳花的场景

变黄狗""清明不戴柳，来世变猪狗"的说法。清明节祭祖，事涉鬼魂，人们
为了防止鬼魂邪气侵扰，还会插柳、戴柳于首。在古代，人们在给去世的亲人
送别的时候，手里也会拿着一段柳枝，等到坟堆修好之后，就把带去的柳枝插
在坟头，因柳枝生命力很强，也有重生的意思。

冷棺莫入村，热孝莫登门

"冷棺莫入村"中的"冷棺"，说的是那些客死异乡、回乡安葬的人的棺木。"冷棺"分为两种情况，一种是逝者原本是本村人，久居在外，去世了，想要落叶归根。第二种情况是逝者还很年轻就客死异乡。

考古出土的西晋时期的镇墓兽

古人讲究落叶归根，但是客死他乡的人的棺椁是不能抬进村子里面的，只能安放在村外搭建的灵棚中，并且简化丧葬流程，尽快安葬入土。

"热孝莫登门"中的"热孝"是指人刚去世，儿孙还在服孝的"禁期"（现在一般是指七七四十九天）内。这里有几层意思：

一、亲属去世，逝者的家人一般会差帮忙的邻人给自家亲戚报丧送孝，告诉亲戚，自己的亲人去世了，哪天过世的，等等。送孝的人送的是"热孝"，一般到人家大门，打声招呼，亲戚家的人出来接过孝布。报丧的人不能进丧主亲戚家的大门。

二、亲属去世，本人还在服孝期内，是不能到举办丧事的邻居家帮忙的，也不能去随份子钱，只能在大门口将钱和祭奠用的纸让别人捎带过去。

三、长辈去世，子孙后代在服孝期间不能随便到别人家里去串门。在服丧期间到别人家去串门，是很不尊重人的行为。

随着殡葬改革的深入，人们丧葬理念的转变，"冷棺莫入村，热孝莫登门"的礼仪习俗也在慢慢淡化。

趣味链接：

一家坟不烧两次纸

　　《礼记》说："生则养，没则丧，丧毕则祭"，"祭祖"算是尽孝的最后一个环节。关于清明节祭祖，民间有句俗语叫"一家坟不烧两次纸"。意思是，上坟时，家人已经烧过纸了，同族的人就不用去烧了。它强调的是同一家族的人不能分开烧纸祭祖，而应该一起去。

　　一个大家庭是否团结，从清明节祭祖时的表现就能看出来。在古代社会，祭祖是很多人共同参与的集体活动。祭祖活动中掺杂着人们的社交，能起到联络与团结家人的作用。同族人共同奔赴祖坟，先要恢复坟丘受损的地方，清理杂草，摆好逝去的长辈爱吃的果品，然后烧纸，再磕头祭祖。一个家族一起祭祖的人数越多，越表明这个家族人丁兴旺，家人团结。如果家族内部矛盾多，家族的人之间不团结，就会出现一家坟分开烧纸的情况。

　　"一家坟不烧两次纸"这句话背后的真正含义，一方面是教导后辈们要团结和睦，另一方面，也是希望通过上坟祭祖活动，增加家族的人之间的交流，

清代孙温所绘大家族祭祀的场景

利于解决矛盾。所以，这句俗语也真正体现了古人的智慧和祈望。

出了五服不是亲

"五服"最早是指五种不同款式的衣服，是丧葬礼仪中的一种，每一种款式都代表一个等级。亲人过世时，人们会依据亲疏关系穿不同的丧服。丧服有五种，所以这种制度称为"五服制度"。

与五服制度对应的，有五种丧服等级，分别是斩衰、齐衰、大功、小功、缌麻，其中，斩衰的等级是最高的，能穿这个等级丧服的人只有少部分人，例如父亲死后儿子穿，或是君王死后臣子穿。在五服制度下，不同的人过世，亲人穿丧服的时间也不同，依据这个时间，也可分辨出一个人与死者的亲疏关系。

我国封建社会是父系社会，往往是一整个大家族生活在一个村子里，为了辨明远近关系才有了"五服"之分。

俗话说"朋友有远近，亲戚分厚薄"。"出了五服不是亲"，如果人们之间的关系出"五服"了，就不再是亲戚关系了。

明代仇英画作中的山村人家

趣味链接：

以三为五，以五为九

　　《三字经》里有这样的话："高曾祖、父而身、身而子、子而孙。自子孙、至玄曾、乃九族、人之伦。"父子间的血缘关系最近，相处最为密切，恩情也最深。因此，古人将父、己、子三代作为家族的核心。以此为基点，通过两次往外扩展来确定家族的范围，这就是《礼记·丧服小记》所说的"亲亲，以三为五，以五为九"。"三"，指的就是父、己、子三代。由父亲往上推一代是祖父，由儿子向下推一代就是孙子，经过这样一次扩展，亲属关系就由原来的三代延伸为祖、父、己、子、孙五代，这就是"以三为五"。接着，再由祖、父、己、子、孙五代分别再向上、向下推两代，经过这一次扩展，亲属关系就延伸为高祖、曾祖、祖、父、己、子、孙、曾孙、玄孙九代，这就是"以五为九"。

　　上至高祖四代，下至玄孙四代，加上自身一代，一共九代，包括从父兄弟、从祖兄弟、族兄弟等在内，构成了习惯上说的"九族"，囊括了本宗家族的全部成员。超出高祖、玄孙辈的直亲或者旁支，就"出五服"了。